Wilhelm Busch

W0061351

Es geht am Kreuz
um *unsre* Not

Predigten
aus dem Jahr 1944

Schriftenmissions-Verlag
Neukirchen-Vluyn

ABCteam-Bücher erscheinen in folgenden Verlagen:
Aussaat- und Schriftenmissions-Verlag Neukirchen-Vluyn
R. Brockhaus Verlag Wuppertal
Brunnen Verlag Gießen (und Brunnquell Verlag)
Christliches Verlagshaus Stuttgart (und Evangelischer Missionsverlag)
Christliche Verlagsanstalt Konstanz (und Friedrich Bahn Verlag / Sonnenweg-Verlag)
Oncken Verlag Wuppertal und Kassel

© 1989 Aussaat- und Schriftenmissions-Verlag GmbH, Neukirchen-Vluyn
Titelgestaltung: Meussen/Künert, Essen
Satz: ZERO, Rheinberg
Druck: Clausen & Bosse, Leck
Printed in Germany

ISBN 3-7958-3401-5

Inhalt

Vorwort

Die hier veröffentlichten Predigten sind eine Auswahl aus denen, die Pfarrer Wilhelm Busch im Jahre 1944, also kurz vor Ende des 2. Weltkrieges, in Essen gehalten hat.

Seine Predigtstätte, die Marktkirche, war durch Bomben zerstört, er selbst hatte Reichsredeverbot, so daß ihm das Predigen nur noch im fast völlig zerstörten Zentrum der Stadt erlaubt war. So kam die Gemeinde oft unter großen Beschwernissen in die Ruinen, wo in einem mühsam hergerichteten Saal die Gottesdienste gehalten werden konnten.

Es ist erstaunlich, wie verhältnismäßig wenig in diesen Predigten von den Nöten dieser Zeit geredet wird. Zwar ist von Trümmern die Rede, von Mangel an Licht oder Wasser, von gefallenen Soldaten oder Angst vor Fliegerangriffen, auch von einer Schrift, in der Jesus ein »Feigling und Judenlümmel« geschimpft wird ...

Doch beim Lesen dieser Predigten fühlen wir uns an das Wort von Paulus erinnert, »daß ich nichts unter euch wüßte als Jesus ›den Gekreuzigten‹«. Von ihm, von seinem Versöhnungstod für uns, ist immer wieder vordringlich die Rede.

Allerdings hörte die glaubende Gemeinde damals wohl auch hintergründiger, als wir es uns heute vorstellen können. Wenn etwa gepredigt wurde über »denn dein ist das Reich und die Kraft und die Herrlichkeit«, so wußte jeder, daß allein dieser Text eine Provokation war gegenüber den Führern, die Reich, Kraft und Herrlichkeit für sich beanspruchten.

Es gab damals in der Gemeinde einige junge Frauen, die die Predigten — oft unter schwierigsten Bedingungen — mit der Schreibmaschine schrieben und auf diese Weise vervielfältigten. Die Predigten wurden dann an namentlich bekannte Soldaten und Krankenschwestern als Privatpost versandt. Diese Tätigkeit bewegte sich damals hart am Rande der Legalität. Daher mußten die Predigt-Vervielfältigungen möglichst heimlich erfolgen. Erschwerend war hier noch der uns heute unvorstellbare Mangel an Papier.

Das Echo war vielfältig. So haben diese Predigten viele Menschen in vielen Ländern in schwierigsten Situationen getröstet und sie im Glauben an Jesus gestärkt.

Eine dieser jungen Frauen ist Frau Sigrid Schenk aus Essen, die uns die Originale, die sie seit damals aufbewahrte, für diesen Band zur Verfügung stellte.

Wir möchten ihr dafür herzlich danken, meinen wir doch, daß diese alte Botschaft auch für uns, 50 Jahre nach Ausbruch des 2. Weltkrieges, immer wieder neu wichtig ist.

Wiehl, im Juni 1989   Elisabeth und Hans Währisch

Was wir im neuen Jahr erwarten können

Jahreslosung (1944):
»Der Herr ist treu. Er wird euch stärken und bewahren
vor dem Argen.« (2.Thessalonicher 3,3)

Ich hatte einen väterlichen Freund, der nicht nur äußerlich
ein großer und starker Mann war, sondern auch stark war
im Glauben an den Sohn Gottes. Der wurde schwer krank.
Die Ärzte gaben keine Hoffnung. Allerdings — sagten sie
— bestünde vielleicht noch eine letzte Möglichkeit, wenn
er sich einer schweren Operation unterziehe, deren
Ausgang jedoch ungewiß sei. Er entschloß sich also zu
dieser Operation, bei der er dann auch starb. Er ging selbst
zum Krankenhaus. Als er da an dem Tor stand, hinter dem
die Entscheidung fallen sollte, da zögerte er einen Augenblick. Aber dann sagte er: *»Der Weg ist dunkel. Aber das
Ziel ist hell!«* Und damit drückte er die Türklinke her-
unter.
So sagen auch wir Christen zu dieser Jahreswende: Der
Weg ist dunkel, aber das Ziel ist hell. — Ja, das Ziel ist hell.
Wir gehen der Wiederkunft des Herrn entgegen. Aber —
der Weg ist so dunkel. Wer empfände das heute nicht? —
Allerdings für Christen ist er *nicht ganz* dunkel. Unser Text
sagt uns, *was wir im neuen Jahr erwarten können.*

1. Anfechtung

Das klingt hart. Aber es ist die Eigenart des Wortes Gottes,
daß es uns alle falschen Vorstellungen und Illusionen
nimmt. Und so sagt es uns hier hart und nüchtern: Das
Arge wird euch anfechten!

Jetzt muß man fragen: »Was ist denn das Arge?« — Wir meinen natürlich, das wüßte doch jeder ohne weiteres: Krankheit, Bombenschäden, Leid usw. Aber ich bin mir gar nicht sicher, ob die Bibel das meint. — Ich kannte z. B. einen Bergmann, der war durch ein Unglück gelähmt worden. Das wurde ihm zum Anlaß, daß er auf seinem Sündenweg umkehrte, Vergebung suchte und den Herrn Jesus fand. Als ich ihn einst besuchte, sagte er mir: »Wenn ich einmal in die Ewigkeit komme, will ich Gott danken, daß er mir die Wirbelsäule zerbrochen hat. Denn ohne das wäre ich in meinen Sünden ewig verloren gegangen.« Er sah also das Unglück als etwas Gutes an.

Und nun das Gegenstück: Ich kannte einen jungen Mann. Der bekam eine Stellung, in der er sehr viel Geld verdiente. Ist das nicht was Gutes? Aber seht, das Geld wurde der Anlaß, daß der junge Mann auf leichtsinnige Wege geriet und völlig Schiffbruch erlitt. Das sogenannte Glück war also für ihn etwas Arges!

Ich will nun aber wiederum nicht behaupten: alles Glück sei arg und alles Unglück gut. — Ja, was ist denn nach Ansicht der Bibel das »Arge«? Antwort: Alles, was mich von dem Herrn Jesus, von dem guten Hirten und von seinem Kreuz wegbringt.

Und da gibt's viel. Ich kenne solche, die sind durch Glück von ihm weggebracht worden. Und ich kenne andere, die hat das Leid von Jesus weggetrieben. Die einen riß die Weisheit der Welt von Jesus und die anderen die Dummheit. Die einen gingen von ihm, weil sie allein gut sein wollten und die anderen, weil sie böse sein wollten.

Ja, es gibt viel Arges. Doch ich muß wohl auch das sagen, daß man nach dem griechischen Text auch übersetzen kann: *der Arge*! Jawohl, so ist es! Der Arge, der Teufel, will nicht, daß wir selig werden und uns hier schon unseres Heilands freuen. Und darum wird er auch im neuen Jahr nicht ablassen, uns anzufechten. »Groß Macht und viel List sein grausam Rüstzeug ist, auf Erd ist nicht seinesgleichen . . . «

2. Bewahrung

Wenn ein Kind geboren wird, dann wird es gepflegt und gehätschelt. Man bewahrt es vor Zugluft. Wenn aber der geistliche Mensch zum Leben erwacht, wenn ein Mensch durch die Kraft des Heiligen Geistes wiedergeboren wird, dann ist das neugeborene Glaubensleben sofort den größten Gefahren ausgesetzt. Der Teufel bietet alles auf, es zu vernichten. Die Welt bietet alles auf, es zu zerstören. Ja, das eigene Herz und die Vernunft reden gegen das Geistesleben. Und nur das Gewissen klammert sich an Jesus und sein Heil.

Ja, wie soll denn da ein Mensch selig werden?

Wie kann sich denn einer auch nur einen Tag seines Heilands freuen? Muß nicht unser aller schwaches Glaubensleben im kommenden Jahr unter den Anfechtungen zusammenbrechen?

Nein! »Der Herr ist treu, der wird euch bewahren vor dem Argen.«

Und das werden wir im kommenden Jahr erfahren. Das heißt, nur die werden es erfahren, in denen der Herr selbst das Geistes- und Glaubensleben begonnen hat. Alles Eigene bricht zusammen. Der Herr sagt: »Eine jegliche Rebe, die mein himmlischer Vater nicht gepflanzt hat, wird ausgerottet.«

Also, der Herr selbst will das Seinige bewahren. Glaubst du, daß er das kann? O gewiß kann er das! Es ist vielleicht einer hier, der ist ein unglückseliger Skeptiker. Und sein Glaube ist nur wie ein Flämmlein in der Zugluft. Glaube nur, daß Jesus dich zu einem strahlenden Glaubenshelden machen kann. Und da ist einer, der hat von Natur die übelsten und abscheulichsten Veranlagungen. Glaube nur, daß Jesus dich herrlich vor dir selbst bewahren kann. Und da lebt einer in Verhältnissen, in denen eigentlich alles Glaubensleben ersticken muß. Glaube du nur, daß Jesus wie eine feurige Mauer um dich her sein wird.

Wen er mit seinem Blut erkauft hat und durch seinen Heiligen Geist zum Leben gerufen hat, den läßt er nicht, und wenn die Welt darüber unterginge!

Wie der Herr die Seinen bewahrt, das hat der Prophet Jesaja in einem wundervollen Bild gesagt: »Grad wie ein Löwe brüllt über seinem Raub, wenn der Hirten Menge ihn anschreit, so erschrickt er vor dem Geschrei nicht und ist ihm auch nicht leid vor der Menge; also wird der Herr herniederfahren zu streiten.«

3. Sieg

Der Herr ist treu, der wird euch stärken.

Die Gemeinde Jesu ist ein seltsamer Haufen. Wenn man sie so ansieht, dann kann man sich nichts Armseligeres vorstellen. Und wenn man ihre Chancen berechnet, dann sind sie gleich Null. Und die Welt weiß noch nicht mal, *wie* arm die Gemeinde ist. Jeder wiedergeborene Christ ist in seinen eigenen Augen noch viel geringer, als die Welt ahnt. Er allein weiß um die Macht der Sünde in seinem Leben. Er kennt seinen Unglauben und seine Schwachheit.

Und doch, diese Schar hat Jahrhunderte Verfolgungen siegreich bestanden. An ihr ist das Schwert der Verfolger und der Witz der Weisen dieser Welt stumpf geworden. Sie geht triumphierend einher, wenn die ganze Welt den Kopf hängen läßt. Sie überwindet weit. Sie verachtet den Tod, und den Satan hat sie unter den Füßen.

Wie geht das zu? Hier steht es:

»Der Herr ist treu, der wird euch stärken.«

Ein versöhntes Gewissen, das Vergebung der Sünden hat,
gibt einen Heldenmut. Und die Kraft des Heiligen Geistes
überwindet die Welt. Der treue Herr sorgt dafür, daß seine
Gemeinde beides reichlich hat.

So treten wir in das neue Jahr und sprechen im Glauben:

»Ich gehe einher in der Kraft des Herrn ... «

Gott allein gebührt die Ehre

1. Sonntag nach Epiphanias
»Denn dein ist das Reich!« (Matthäus 6,13 b)

In meiner früheren Gemeinde in Bielefeld warf ich einmal in unserem Jugendkreis die Frage auf, was den Jungen im Gottesdienst am besten gefiele. Da rief gleich einer: »Am schönsten ist es, wenn am Schluß das Vaterunser gesungen wird!« Wir fragten: »Warum gefällt dir das am besten?« Da sagte er: »Seht, die ganze Woche ist man unter den Menschen, die Gott die Ehre verweigern, die sein Heil verachten und seine Gemeinde verspotten. Und selbst ist man auch meist so kümmerlich. Da ist es dann ein erhabener Augenblick, wenn die ganze Gemeinde am Schluß des Vaterunsers einstimmt in den Lobgesang und *alle Gott die Ehre geben*! Da wird mein Herz weit, und ich kann gar nicht laut genug mit einstimmen: ›Dein ist das Reich und die Kraft und die Herrlichkeit in Ewigkeit!‹«
Durch diese Worte des Jungen ist mir der Schluß des Vaterunsers so wichtig geworden. Und darum möchte ich euch den Schluß auslegen.

»Denn dein ist das Reich!«

1. Dieser Satz gibt Gott die Ehre

Man muß sich mal klarmachen, wie das war, als der Herr Jesus seine Jünger dies Gebet lehrte. Dann versteht man erst, wie ungeheuerlich dieser Satz ist.
Das römische Weltreich war auf der Höhe seiner Macht. Auf dem Thron saß der zweite römische Kaiser: Tiberius.

Wir haben ein Standbild von ihm. Da sitzt er in lässiger Haltung auf einem reichgeschmückten Stein. Um die Stirn windet sich der Lorbeerkranz des Siegers. Die Linke faßt mit seltsamer Heftigkeit das römische Kurzschwert. Die Rechte ist majestätisch erhoben und hält den Stab des Herrschers. Jede Miene spricht: »Es gibt nur *ein* Reich. Und das ist mein!«

Und da steht in einem Winkel der Erde ein schlichter Mann. Der lehrt seine Jünger, die Augen aufzuheben zu dem, der im Himmel sitzt, und betet: »Denn dein ist das Reich!«

Das ist entweder unsagbar lächerlich — oder es ist die Wahrheit. Ja, es ist wahr. Und aus diesem einen Satz spricht der Tiefenblick der Bibel, der weiß, daß auch dies Römerreich unter dem Satz steht: »Alles Fleisch ist wie Gras und alle Herrlichkeit wie des Grases Blume. Das Gras verwelkt und die Blume fällt ab.«

Es gibt nur *ein* unvergängliches Reich, das Reich unseres Gottes. Von dem mächtigen Tiberius heißt es: »Ach wie nichtig, ach wie flüchtig ist der Menschen Herrschen. Der durch Macht ist hochgestiegen, muß zuletzt, aus Unvermögen, in dem Grabe niederliegen.«

Von dem dreieinigen Gott aber singt die Gemeinde: »Wie du warst vor aller Zeit, so bleibst du in Ewigkeit.

»Denn dein ist das Reich und die Kraft und die Herrlichkeit in Ewigkeit.«

So gibt dieser Gebetssatz Gott die Ehre.

2. *Ein Gang durch das Reich Gottes*

Unsere Väter sagten, das Reich Gottes habe drei Regionen oder Bezirke. Und wir wollen miteinander im Geist durch die drei Regionen gehen.

Das ist zum Ersten *das Reich der Natur*. Es gehört zu den Dingen, die ich nie begreifen werde, daß der Mensch sich in diesem Naturkreis munter tummelt, daß er forscht, studiert, daß er immer neue Wunder in diesem Naturreich entdeckt und doch so selten dazu kommt, dem die Ehre zu geben, der das alles so wunderbar und geheimnisvoll geschaffen hat. Und weil der Mensch in seiner Blindheit den Schöpfer nicht kennt, glaubt er auch nicht, daß es Wunder gibt. Der dreieinige Gott aber ist König im Naturreich. Darum konnte der Sohn Gottes den Sturm stillen. Darum wird er auch einmal die Toten auferwecken.

»Himmel, Wasser, Luft und Erde, nebst der ungezählten Herde der Geschöpfe in den Feldern, in den Seen, in den Wäldern, sind Herr über Tod und Leben, dir zum Eigentum ergeben. Tiere, Menschen, Geister scheuen, Menschensohn, dein mächtig Dräuen.«

Die zweite Region ist *das Gnadenreich*. Als der Herr Jesus auf Golgatha starb für die Menschen, da hat er für Gott ein Volk erkauft. Das ist die Schar derer, die vor Gott nicht mehr auf ihre eigene Gerechtigkeit pochen, sondern sagen: »Ich rühm' die Gnade, die mir Heil gebracht!«

Das sind die, die weder das Gericht noch die Welt fürchten, weil Jesus ihnen Gnade schenkte. Es sind die, die durch Gnade Vergebung der Sünde haben und damit Frieden mit Gott. Gott bietet am Kreuz Jesu Gnade an. Wer das im Glauben annimmt, der ist ins Gnadenreich eingetreten. Gottes Wort sagt von diesen Gläubigen: »Ihr seid nun Bürger mit den Heiligen und Gottes Hausgenossen.«

Und die dritte Region seines Reiches ist *das Reich der Herrlichkeit*. Man muß nur mal das 4. und 5. Kapitel der Offenbarung lesen. Da gehen einem die Augen über vor der Herrlichkeit des Himmels. »In dem Reiche deiner Ehren kann man stets dich loben hören von dem himmlischen Geschlechte, von der Menge deiner Knechte, die dort ohne Furcht und Grauen dein verklärtes Antlitz schauen, die dich unermüdlich preisen und dir Ehr und Dienst erweisen.«

So umfaßt das Reich, von dem hier die Rede ist, alles: Himmel und Erde, Schöpfung und Herrlichkeit, und vor allem die mit Blut erkaufte Gemeinde. Im Blick auf all das beten wir an: »Denn dein ist das Reich.«

3. Dieser Satz bedeutet persönliche Hingabe

Laßt mich ein Beispiel gebrauchen. Es war im Jahre 1162. Der gewaltige Barbarossa war Kaiser im Heiligen Römischen Reich. Aber die Stadt Mailand wollte ihn nicht. Sie vertrieb die kaiserlichen Gesandten, wählte eigene Beamte und machte sich die Nachbarstädte untertan.

Aber da war Barbarossa herangezogen mit einem riesigen Heer. Zwei Jahre belagerte er die starke Stadt. Und dann kam der Augenblick, wo die weiße Fahne hochging, wo die Häupter der Stadt vor dem König erschienen und vor Barbarossa bekennen mußten: »Dir gehört das Reich!«

Ich meine, nur so kann man richtig beten: »Denn dein ist das Reich!« Daß das Herz die weiße Fahne aufzieht vor dem, der seinen Sohn für Sünder gab und der durch den Heiligen Geist so stark um uns wirbt.

Es gibt ein ergreifendes Beispiel in der Bibel. Da ist der Prophet Jeremia. Der bekannte: »Herr, du hast mich überredet, und ich habe mich überreden lassen. Du bist mir zu stark gewesen und hast gewonnen!« Seht, da mußte er die weiße Fahne im Herzen aufziehen und bekennen: »Denn dein ist das Reich — und darum auch mein Leben mit allem, was ich bin und habe.«

Oh Freunde! Es ist eine selige Sache, wenn es in unserem Leben heißt:

»Der allmächtige Gott hat das Reich eingenommen. Laßt uns freuen und fröhlich sein und ihm die Ehre geben.«

»Denn dein ist das Reich!«

Die ganze Schöpfung preist seine Kraft

2. Sonntag nach Epiphanias
»Denn dein ist ... die Kraft.« (Matthäus 6,13)

Heute will ich meine Predigt mal mit dem RWE beginnen. Welch eine schöne Einrichtung ist das! Stellt euch einmal vor, uns fiel heute abend der Strom aus. Wie ständen wir da! Vollständig im Dunkeln. Bei mir im Haus ist gar kein Licht, keine Kerze, kein Petroleum, kein Gas. Aber das macht nichts. Das RWE hat genug für mich.

Ich denke an einen vollelektrischen Haushalt: Die Hausfrau hat keine Kohlen, kein Holz. Aber was tut's! Das RWE hat genug für sie an Kraft und Wärme, daß sie kochen und den Badeofen heizen kann usw. Ich habe keine Ahnung von der Technik des RWE. Aber das weiß ich, daß es Kraft und Licht und Wärme genug für mich hat und daß alles nur darauf ankommt, daß ich mit ihm verbunden bin. So stehen die Christen mit ihrem Gott. Oh, sie verstehen vieles nicht. Aber das wissen sie: Bei ihm ist Licht und Kraft genug für mich. Ich muß an ihn angeschlossen sein. So sagt David in Psalm 27,1: »Der Herr ist meines Lebens Kraft.« Und der Sänger des 71. Psalmes: »Ich gehe einher in der Kraft des Herrn.« Und der fromme König Josaphat betet (2.Chr. 20,12): »Bei uns ist keine Kraft ... Wir wissen nicht, was wir tun sollen, sondern unsere Augen sehen nach dir!« Darum lehrt der Herr uns beten:

»Dein ist ... die Kraft.«

1. Die Vernunft denkt ganz anders

Die unerleuchtete Vernunft denkt: »Es gibt gar nichts Kraftloseres als Gott!« In einer großen Freidenkerversammlung hörte ich mal vor Jahren jemanden höhnen:

»Wo ist denn Gott? Hier stehe ich und lästere ihn. Er soll mich doch strafen, wenn er kann!« Nun, das war ein dummer Schreier. Aber wieviele ernste Leute fragen mich täglich: »Wie kann denn Gott das alles zulassen, den Krieg und die Terrorangriffe und das viele Leid?« Und hinter dieser Frage steckt doch der Gedanke: Gott will das doch alles nicht. Er ist also offenbar kraftlos und außerstande, es zu verhindern.

Da steht vor mir ein Vater mit Tränen in den Augen: »Mein Sohn ist gefallen! Und ich habe soviel gebetet.« Und ich höre aus seinen Worten die Klage: »Gott ist kraftlos. Er hat nicht helfen können!«

Ja, der Vernunft erscheint Gott kraftlos. Und erst recht, wenn wir hinweisen auf die Offenbarung Gottes in Jesus. Ach, da ist ja Gott ganz schwach: Als hilfloses Kind liegt er in der Krippe. Und endlich hängt er am Kreuz. Wenn wir die angenagelten Hände sehen, — will's uns da nicht unsinnig vorkommen, wenn wir zu ihm beten: »Dein ist die Kraft!«?

So denkt die Vernunft: Gott ist ohne Kraft. Und darum verläßt der natürliche Mensch sich lieber auf sich selbst.

2. Seine Kraft ist verborgen

Ja, laßt uns nur recht bitten um diesen guten Heiligen Geist, damit er uns die blinden Augen aufmache. Dann werden wir Gottes heimliche Kraft sehen. Eigentlich ist sie gar nicht so verborgen. Die ganze Schöpfung preist seine Kraft. Jeremia 10,12: »Er hat die Erde durch seine Kraft gemacht.« Ja, die Himmel rühmen des Ewigen Ehre . . . ! Und in jeder Sekunde trägt er alle Dinge mit seinem kräftigen Wort (Hebr. 1,4). Wenn die Sonne aufgeht, rühmt sie seine Kraft. Das Heer der Sterne und das Brausen der Meere sind Lobgesänge seiner Macht.

Und doch — es ist wahr, daß seine Kraft verborgen ist. Es gibt ein seltsames Wort des Propheten Nahum (1,3): »Der Herr ist geduldig und von großer Kraft.« Eine wunderliche Zusammenstellung! Da sagt Nahum, daß Gott seine große Kraft verbirgt hinter seiner Geduld. Die Welt soll nur nicht so arg höhnen, wo denn Gottes Kraft heute wäre. Sie soll froh sein, solange er sich hinter seiner Geduld verbirgt. Denn wenn sie hervorbricht, dann geschieht es im Zorn. Und was die Welt dann zu erwarten hat, kann sie in der Offenbarung nachlesen.

Aber nun hat Gott seine große Kraft verhüllt in seiner Geduld. Ich kann auch sagen: Er hat sie verborgen in Jesus. Ja, der Herr Jesus heißt »Kraft« — (Jes.9,5) — Und nun will ich euch das Geheimnis des Evangeliums sagen: Je schwächer der Herr Jesus erscheint, desto mehr Kraft ist bei ihm — für uns. Wie armselig erscheint z.B. seine Auferstehung! Da ist so wenig Pomp und Klimbim, daß die Welt die Auferstehung einfach leugnet. Und doch — Paulus spricht davon, daß er durch die Kraft seiner Auferstehung ein Heer von Sündern zum Leben und zur Herrlichkeit führt (Phil. 3,10).

Am schwächsten erscheint der Herr ja am Kreuz. Und doch — im Kreuz ist Kraft! Wie ging mir das auf, als ich mit einem Sterbenden betete: » ... Wenn mir am allerbängsten wird um das Herze sein, so reiß mich aus den Ängsten kraft deiner Angst und Pein!«

Im Kreuz Jesu ist die Kraft, dich von deiner schrecklichsten Not zu befreien, von der Last deiner Schuld. Bunyan hat ja in der »Pilgerreise« das Leben wie eine Fahrt zum Himmelreich beschrieben. Und da schildert er, wie der Christ sich quält mit einer schweren Last, die ihm niemand von den Schultern nehmen kann. Und da kommt er an ein Kreuz. Er sieht hinauf. Und siehe — in dem Augenblick löst sich seine Last und stürzt in den Abgrund. Oh, wer kann die Vergebung der Sünden durch Jesu Blut schildern? Es muß erfahren sein!

Im Kreuz ist Kraft, Sündenketten zu sprengen. Ich kannte einen Trinker, dem keiner helfen konnte. Der Gekreuzigte aber hat ihn frei gemacht. Ja, im Kreuz ist Kraft, aus verlorenen, von Gott und ihrem Gewissen verdammten Sündern Kinder Gottes zu machen.

So ist es ein Satz, den nur der Glaube recht erfährt: »Dein ist die Kraft.« Und für alle angefochtenen Seelen darf ich hinzufügen: Wie er die Kraft hat zu erwecken, zu erretten, zu heilen und zu trösten, so hat er auch die Kraft, uns hindurchzubringen bis in den Himmel.

3. Seine Kraft wird aller Welt offenbar werden

In Offenbarung 2 wird uns ein grandioses Bild gezeigt. Schon sind allerlei Gerichte geschildert, die über die Welt kommen werden. Dann hört Johannes den siebten Engel posaunen. Und im selben Augenblick bricht im Himmel ein unendlicher Lobgesang los: »Es sind die Reiche der Welt unsres Herrn und seines Christus geworden . . .« Und dann kommt da ein Satz, der unseren Text angeht: »Wir danken dir, Herr, allmächtiger Gott, daß du hast angenommen deine große Kraft und herrschest!«

Oh, er hatte immer eine große Kraft. Aber nun hat er sie — so meint dieser Lobgesang — vor aller Welt angetan wie einen Herrschermantel. Nun, da alles Starke und alles Mächtige kraftlos geworden ist, sieht man vor aller Augen, wo in Wahrheit die Kraft ist und war.

Wenn wir also beten: »Dein ist die Kraft« — dann singen wir gewissermaßen schon leise das Lied der Ewigkeit, der Herrlichkeit und der Vollendung.

Ein Blick in die Wirklichkeitswelt Gottes

3. Sonntag nach Epiphanias
»Denn dein ist ... die Herrlichkeit.« (Matthäus 6,13)

Vor kurzem wurde in einem Kreis die Frage aufgeworfen: »Wie kommt es, daß das Kino sich heute einer solch ungeheuren Beliebtheit erfreut? Daß Tausende von Menschen das Kino fast wichtiger nehmen als das tägliche Brot?« Da meinte einer: »Das kommt daher, weil die Menschen so viel Niederdrückendes und Trauriges erleben. Wie niederdrückend ist schon der tägliche Anblick der häßlichen Trümmer und der vielen Todesanzeigen. Und da flüchtet sich der Mensch in den Glanz der flimmernden Leinwand. Da ist Pracht, Lachen, Schönheit und Herrlichkeit!« Der Mann wird recht haben.

Aber seht, ich möchte euch, die ihr doch auch leidet unter den niederdrückenden Dingen, etwas Besseres zeigen als die Flucht in die *Scheinwelt*. Wißt ihr, was aufrichtet und erquickt? — Ein Blick in die Wirklichkeitswelt der Herrlichkeit des lebendigen Gottes.

In 2.Korinther 4,6 steht, daß diese Herrlichkeitswelt Gottes aus dem Angesicht Jesu Christi strahlt und daß sie in die Herzen der Gläubigen einen hellen Schein gibt. So ist es! Unser Text aber weist uns hinüber in die weite Welt Gottes, in den Himmel.

»Dein ist die Herrlichkeit!«

1. Unser Gott hat Herrlichkeit

Als ich noch ein Kind war, lernte ich das Lied: »Im Himmel, im Himmel ist Freude so viel, da singen die Englein und haben ihr Spiel ... «

Und dann habe ich mir mit kindlichem Verstand ausgemalt, wie es im Himmel sei. Nun aber, wo ich als Mann auf der Kanzel bin, darf ich das nicht tun. Gott bewahre mich, daß ich euch meine eigenen Gedanken vortrage! Ich darf nur sagen, was wahr, gewiß und offenbart ist.

Ist uns denn offenbart, wie es im Himmel ist?

Ja! Ihr müßt mal lesen, was in Offenbarung 4-5 steht. Das fängt so an: »Danach sah ich, und siehe, eine Tür war aufgetan im Himmel ...«. Und durch diese offene Tür durfte Johannes hindurchsehen. Das müßt ihr selber lesen, wie er da einen gewaltigen Thron sieht. Und auf diesem Thron sitzt einer! Lichtglanz blendet Johannes. Und dann sieht er den himmlischen Hofstaat: Die 24 Ältesten, die Vertreter der erwählten Gemeinde; die Repräsentanten der Schöpfungsmächte, die Tag und Nacht ohne Ruhe ihm die Ehre geben ... Ach, ich kann das hier nicht alles schildern. Nur zweierlei sei noch erwähnt. Erstens: Das tobende Völkermeer erscheint vor Gottes Thron wie ein stilles, durchsichtiges Kristallmeer. Was uns beängstigend und undurchsichtig ist, ist vor Gott klar und still. Und das andere: Im Mittelpunkt des Himmels steht ein Lamm — der Gekreuzigte! Nun, ohne ihn wäre uns auch der Himmel kein Himmel. Aber wenn man die Schilderung des Johannes gelesen hat, dann muß man mit niedersinken und mit anbeten, wenn er erzählt, wie nun der himmlische Lobgesang aufbraust: »Dem, der auf dem Thron sitzt, und dem Lamm sei Lob und Ehre, Preis und Gewalt von Ewigkeit zu Ewigkeit!«

2. Er beruft uns zur Herrlichkeit

Gott ist in sich selbst selig. Er ist sich selbst genug. Und da wäre durchaus verständlich, wenn ich meine Predigt hier abschließen würde, nachdem ich von Gottes Herrlichkeit gesprochen habe. Aber ich darf hier nicht abschließen, denn ich muß euch die frohe Botschaft sagen. Und die heißt: Gott will seine Herrlichkeit nicht für sich allein. Nein, seine Liebe treibt ihn, sie mit Sündern zu teilen. Ausgerechnet mit Sündern? Ja, das ist das wunderbare Geheimnis seiner Liebe. Darum beruft er Sünder zu seiner Herrlichkeit. Davon redet die ganze Bibel. Da steht in 1.Petrus 5,10: »Der Gott aller Gnade hat uns berufen zu seiner ewigen Herrlichkeit.« Und 1.Thessalonicher 2,12: »Ihr sollt würdig wandeln vor Gott, der euch berufen hat zu seiner Herrlichkeit.«

Wie mächtig ruft der Heilige Geist diese himmlische Berufung jetzt zu dieser Stunde in unser Herz. Mir krampft sich das Herz zusammen in Gedanken an die vielen unter uns, die ihre himmlische Berufung in den Wind schlagen. Oh Menschenkind! Du bist zur Herrlichkeit Gottes berufen! Warum machst du es wie Esau, der um ein armseliges Linsengericht sein Erstgeburtsrecht verkaufte? Warum läßt du dich fesseln von den Dingen dieser Welt? Warum ist dir deine Sünde so lieb? Wirf sie doch heute dem Gekreuzigten zu Füßen und sprich: »Ich will streben nach dem Leben, wo ich selig bin. Ich will ringen einzudringen, bis daß ich's gewinn. Hält man mich, so lauf ich fort, bin ich matt, so ruft das Wort: Fortgerungen! Durchgedrungen! Bis zum Kleinod hin!«

3. Er bringt die Seinen zur Herrlichkeit durch

Wenn ein Sünder sich zum Heiland bekehrt von seinen Sünden, dann treibt ihn seine Liebe, die ganze Allmacht einzusetzen, solch einen durchzubringen bis zur Herrlichkeit.

Laßt mich ein Gleichnis gebrauchen: Während der Revolutionswirren im Jahre 1920 im Ruhrgebiet gab es am Essener Schlachthof einen heißen Kampf zwischen Polizei und bewaffneten Arbeitern. Schließlich erstürmten die Arbeiter den Schlachthof. Da erfuhr ein Mann, sein Sohn sei als Polizist bei dem Kampf gewesen. Und da machte sich der Vater auf, den Sohn zu suchen. Er fand ihn schwerverwundet unter Möbeltrümmern. Er lud ihn auf seine Schultern, um ihn heimzutragen. Er kam ans Tor. Da sah einer der Arbeiter diesen Mann, sprang herzu und schoß dem Sohn auf der Schulter des Vaters eine Kugel durch den Kopf. Der Vater hatte ihn nicht durchbringen können. Wenn der Herr Jesus einen Sünder zur Beute genommen hat, dann versucht der Teufel auch alles, ihn zurückzubekommen. Oh, solch ein eben Geretteter mag da allen Mut verlieren. Aber nur getrost. Dem Herrn geht es nicht wie jenem Vater. Er bringt die Seinen zur Herrlichkeit durch. Im Hebräerbrief heißt es von ihm, er habe »viele Kinder zur Herrlichkeit geführt!« Und wenn ich nun bete: »Dein ist die Herrlichkeit«, dann freue ich mich im Geist, weil ich dann dazusetzen darf: »Und durch Jesus ist sie aus Gnaden auch mein!«

Das ist mir wichtig. Seht, in vielen Romanen wird erst ein Knoten geschnürt, aber am Ende löst sich alles gut auf in Wohlgefallen. So aber ist die Wirklichkeit nicht. Da gibt es lauter ungelöste Fragen. Da können die Guten und Bösen triumphieren. Da vermißt einer seinen Sohn und stirbt darüber. Aber ich weiß: In der Herrlichkeit lösen sich alle Fragen. Da erkenne ich jedes Wort Gottes, das ich hier nur blind glauben kann: »Ich weiß wohl, was ich für Gedanken über euch habe, Gedanken des Friedens und nicht des Leides, *daß ich euch gebe das Ende, des ihr wartet.*«

So wollen wir uns hier durchglauben, indem wir recht die

Herrlichkeit im Angesicht Jesu Christi ansehen — bis wir zur vollen Herrlichkeit kommen.

>>Im letzten Durst auf Erden
erquickt dies meinen Geist,
daß man soll trunken werden
von dem, was Gott verheißt.
Wenn wir hier Tröpflein nehmen,
so leben wir davon.
Was wird's erst sein mit Strömen
vom Wasser aus dem Thron!<<

Die Ewigkeit soll unser Leben prägen

»Denn dein ist das Reich, die Kraft und die Herrlichkeit in Ewigkeit! Amen!« (Matthäus 6,13)

Noch ist deutlich in meiner Erinnerung, wie ich als kleiner Junge einmal mit meiner älteren Schwester bei Nacht unter dem Sternenhimmel stand. Da erklärte sie mir, die Sterne seien große Welten. Und manche seien Tausende von Lichtjahren entfernt. Fast erschrocken schaute ich in die fernen Räume. Und dann fragte ich: »Was kommt denn dahinter?« Sie schwieg. »Du, was kommt denn dahinter?« — »Ja, dahinter ist auch dasselbe — der endlos weite Raum!« — »Ja, aber irgendwo muß das doch aufhören?« — »Nein! Es hört nicht auf, der Raum ist unendlich.«
Mir wurde schwindlig. Und ich begriff, wie wenig wir begreifen können. So unfaßbar wie die Unendlichkeit des Raumes ist uns die Unendlichkeit der Zeit — die Ewigkeit! »Dein ist das Reich und die Kraft und die Herrlichkeit — in Ewigkeit.« Es ist, als würden wir nun am Schluß des Vaterunsers an das Gestade eines Meeres geführt, wo sich der Blick verliert im Grenzenlosen.
Wir wollen aber dies Wort betrachten, indem wir es hineinstellen in den Zusammenhang des Wortes Gottes.

» ... in Ewigkeit.«

1. Ewigkeit — der Gegensatz zu allem Irdischen!

In der zweiten Hälfte des vorigen Jahrhunderts machte sich der Kaufmann Heinrich Schliemann auf, um die alte Stadt Troja in Kleinasien auszugraben. Bei dem türkischen Dorf Hisserlik begann er zu graben. Da fand er sieben Städte untereinander. Welch ein Bild menschlicher Vergänglichkeit! Da entstand eine Stadt mit all ihrem brausenden Leben. Und dann sinkt sie in Schutt. Eines Tages bauen andere auf den Trümmern. Und wieder Vergehen und Bauen und Vergehen.

Gottes Wort sagt: »Alles Fleisch ist wie Gras und alle seine Herrlichkeit wie des Grases Blume. Das Gras verdorrt und die Blume verwelkt.«

Vor ein paar Wochen stand ich in Württemberg auf den Ruinen eines römischen Kastells, das man ausgegraben hat. Da lag der Rest eines rostigen römischen Schwertes. Ich sah im Geist den römischen Krieger vor mir, wie er stolz sein Schwert faßte und »Roma aeterne« (ewiges Rom) sagte. Nun konnte man die Herrlichkeit für 0,20 RM. ansehen. So ist alles Irdische.

Von Gott aber heißt es: »Dein ist die Herrlichkeit — *in Ewigkeit*!« Welch eine Kluft zwischen Mensch und Gott!

2. Ewigkeit — sie ragt in die Vergänglichkeit hinein

Stellt euch einen Ertrinkenden vor, der in einen reißenden Strom gestürzt ist. Nun reißt ihn die wirbelnde Strömung mit. Aber wenn er den Kopf über Wasser bekommt, dann sieht er fern die rettenden Ufer.

So sind wir: mitgerissen vom Strom der Vergänglichkeit. Und so ein Wort wie der Schluß des Vaterunser läßt uns sehnsüchtig hinüberschauen an die Gestade der Ewigkeit, der unvergänglichen Welt.

Aber, Freunde! Nun darf ich euch das Evangelium, die frohe Botschaft bringen. Es gibt einen Punkt, da ragt die Ewigkeit hinein in die vergängliche Welt. Eine Insel der Ewigkeit ragt hinein in den flutenden Strom der vergänglichen Zeit. Das ist das Kreuz Christi von Golgatha. Wer hier angekommen ist, der hat seine Füße auf den Felsgrund der Ewigkeit gestellt.

Zur Zeit der Ebbe hatte sich ein junger Mann zu weit auf den bloßgelegten Meeresgrund hinausgewagt. Plötzlich überraschte ihn die Flut. Er konnte den Strand nicht erreichen. Da rief man ihm vom Ufer zu: »Retten Sie sich zum Kreuz!« Unfern von ihm war nämlich auf einer vorspringenden Landzunge zur Erinnerung an ein untergegangenes Schiff ein hohes eisernes Kreuz auf einem Steinsockel errichtet worden. Dahin drang er nun vor, kletterte an dem Kreuz empor und klammerte sich da fest — bis ein Boot ihn heimholte.

Jede meiner Predigten soll ein Ruf sein: »Rette dich zum Kreuz!« Hier ragt die Ewigkeit in die Zeit. Hier ist Halt im flutenden Strom der Zeit. Und hier ist der Ort, von wo aus der Herr seine Leute heimholt zur Herrlichkeit, in's ewige Vaterhaus.

3. Ewigkeit — sie soll das Leben der Christen prägen

Es gibt zweierlei Menschen: Weltmenschen und Ewigkeitsmenschen. Das Leben der Weltmenschen ist geprägt vom Wesen dieser vergänglichen Zeit und Welt. Was ist denn das für ein Wesen? Wenn die Bibel das Wesen der vergänglichen Weltmächte schildern will, dann gebraucht sie das Bild von reißenden Tieren. Das Wesen der Welt ist tierisch, bestialisch.

Das Wesen der Ewigkeit aber ist durch ein anderes Tierbild geschildert. Wer Offenbarung 5 gelesen hat, der weiß: im Mittelpunkt der ewigen Welt ist »ein Lamm, wie wenn es geschlachtet wäre.« Das ist der gekreuzigte Heiland. Und nun werden Ewigkeitsmenschen nach seinem Bild geprägt. Das Ideal der Ewigkeitsmenschen ist es, dem Lamme ähnlich zu werden.

Vor kurzem fuhr ich mit einem jungen Offizier, der das Eiserne Kreuz erster Klasse trug, und der nun gefallen ist, im

Zug. Als wir einen Augenblick im Gang standen, setzte sich ein frecher Kerl auf unseren Platz, obwohl wir den Platz belegt hatten. Ich wollte eben auffahren, da zog mich der junge Offizier, der ein Christ war, nur leise am Arm weg. Sein Gesicht war so unglücklich, daß ich so wenig dem Lamme ähnlich sei. Er sagte kein Wort. Aber mir genügte es. Ich schämte mich. Der freche Mensch aber schaute erschrocken auf den jungen Offizier — es wurde ihm unbehaglich. Und dann stand er auf und ging. Er war auf eine neue Welt gestoßen. Oh, daß die Ewigkeit unser Leben prägte!

Was das bedeutet, will ich noch an einem anderen Beispiel zeigen. Das Wesen dieser Welt ist Friedlosigkeit. Ewigkeit aber — das ist Frieden. Vom Lamme Jesus geht ein großer Friede aus. Darum ist ein Ewigkeitsmensch in großen Frieden förmlich eingehüllt. »Sie schmecken den Frieden bei allem Getümmel.« Lest nur einmal die Apostelgeschichte 7, wie Stephanus gesteinigt wird. Mitten in dem Tumult steht dieser Mann mit einem himmlischen Frieden. Und wir können nur beten: »Schenk gleich Stephanus uns Frieden, mitten in der Angst der Welt, wenn das Los, das uns beschieden, in den schwersten Kampf uns stellt ... «

Und noch eins: Ewigkeitsmenschen haben ihren Standpunkt *über* den Dingen. Als einst das gewaltige römische Reich seine Macht einsetzte, die Christen auszurotten, da sagte ein erfahrener Christ: »nubicula — transibit!« (Es ist ein Wölkchen — es wird vorübergehen!)

Ja, Ewigkeitsmenschen haben einen erhabenen Standpunkt. Sie wissen um die Vergänglichkeit aller Dinge. Auch um die Vergänglichkeit des Leides. Am Ende heißt es bei ihnen (Offb.7): »Gott wird abwischen alle Tränen von ihren Augen.«

Das dreifache Amt Jesu:
König, Priester und Prophet

Septuagesimae 1944
»Desgleichen auch die Hohenpriester spotteten sein samt den Schriftgelehrten und Ältesten ...«
(Matthäus 27,41)

Von dem großen Gottesmann Mose heißt es einmal: »Er war ein sehr geplagter Mensch über alle Menschen auf Erden.« Das steht in 4.Mose 12, wo eine der schwersten Stunden des Mose geschildert wird. Viel Haß, Feindschaft und Kampf hat Mose durchmachen müssen: Kampf mit den Ägyptern, mit Pharao, mit den Amalekitern, mit dem widerspenstigen Volk. Aber nun, bei Hazeroth, kam die schlimmste Sache: da standen seine eigenen Geschwister gegen ihn auf und wollten ihn beiseite stoßen. »Redet der Herr allein durch Mose? Redet er nicht auch durch uns?« rufen sie.

Aber dann heißt es da: »Und der Herr hörte es. Und er stand auf und trat gewaltig für seinen Knecht Mose ein.« In unserem Text sehen wir einen Größeren als Mose in ähnlicher Lage. Der Sohn Gottes muß erleben, wie die Repräsentanten Gottes, die Hohenpriester und Schriftgelehrten, gegen ihn aufstehen. Die ihm am nächsten stehen sollten, die schmähen ihn. Und Gott greift nicht ein — anders als einst bei Mose. Jesus war noch geplagter als Mose, das ist eine ernste Sache, die wert ist, daß man darüber nachdenkt.

Der Spott der Hohenpriester, Schriftgelehrten und Ältesten.

1. Dieser Spott ist folgenreich

Die Hohenpriester, Schriftgelehrten und Ältesten waren prominente Leute. Was sie taten, das machten viele nach. Verspotteten sie den Heiland, dann tat das arme Volk es auch. Stießen sie das Heil von sich, dann machten es Tausende im Volk auch so. Mit diesem Spott rissen sie viele mit ins ewige Verderben. In Markus 9,42 spricht der Heiland von solchen Leuten, die ihren Einfluß ausnutzen, um andere von ihm wegzuziehen. Da sagt er: »Es wäre ihnen besser, daß ein Mühlstein an ihren Hals gebunden und sie ins Meer geworfen würden.« Unter dieses Wort fielen die Priester, Schriftgelehrten und Ältesten.

Ich muß einen Augenblick dabei stehenbleiben. Jeder Mensch hat einen Einflußkreis. Ehegatten beeinflussen einander, Jungen ihre Freunde, Lehrer ihre Schüler usw. Was machen wir daraus? Man kann den anderen mit sich in die Hölle oder in den Himmel bringen!

Ein Mann ging einmal mit seinem Jungen über Land durch tiefen Schnee. Der Vater voraus, der Junge hinterher. Dann drehte der Vater sich um: »Junge, kommst du auch mit?« — »Ja, Vater«, rief der, »ich gehe genau in deinen Fußstapfen!« Da erschrak der Vater, galt das nicht auch in anderer Hinsicht? Und er — das sagte ihm sein Gewissen — war nicht auf dem Weg zum ewigen Leben. Nun ging wohl sein Junge auch hier in seinen Fußstapfen. Da fing der Mann um seines Jungen willen ein anderes Leben an.

Auch in unseren Fußstapfen gehen andere. Führen unsere Fußstapfen zu Jesus, zum Heil, zum ewigen Leben?!

2. Dieser Spott ist verwunderlich

Es ist in zwei Jahrtausenden viel Spott über den Gekreuzigten ergangen. Und bis zum Ende der Welt wird es so bleiben, daß die Gottesleugner, die Atheisten, die frechen Sünder, die Leichtsinnigen den Herrn verspotten werden. Das wird so lange gehen, bis sie am Ende inne werden, daß in Wahrheit *sie* die Verspotteten sind. Denn in Psalm 2 heißt es: »Der Herr spottet ihrer.«

Aber meine Freunde, darum handelt es sich ja hier in unserem Text gar nicht. Hier spotten ja nicht die Gottesleugner, die frechen Sünder, die Leichtsinnigen. Hier treten die *ehrbaren* Leute gegen den Sohn Gottes auf, die *religiösen* Leute, die an Gott glauben, die Leute, die mit Erfolgen und guten Werken aufwarten können. *Sie* verspotten den Sohn Gottes. Erstaunlich! In Hebräer 1 heißt es: »Nachdem Gott vorzeiten geredet hat zu den Vätern, hat er am letzten zu uns geredet durch seinen Sohn.« Jesus — ich kann das nicht oft genug sagen — ist Gottes letztes Wort an die Welt. Wer den nicht hört, kommt in die Zone des Schweigens Gottes.

Und nun seht: Dieses letzte Wort Gottes, den Sohn, lehnen diese religiösen, ordentlichen Leute unter Hohnworten ab. Als Gottes fleischgewordenes Wort in Jesus zu ihnen kommt, stellen sie ihre eigene Gerechtigkeit, ihre Bravheit und ihre Religion wie einen Schild vor sich hin und brüllen: »Wir wollen das nicht!«

Ihr kennt doch wohl die Geschichte vom Sündenfall. Als Adam mit Gott zerfallen war, da versteckte er sich vor Gott hinter den Büschen im Garten Eden. Man kann sich auch hinter anderen Dingen verstecken. Diese Leute hier versteckten sich hinter ihrer Religion und hinter ihrer Gerechtigkeit. Wie viele kenne ich, die sich so hinter ihrer Religion und Tüchtigkeit verstecken, wenn der Anspruch und die Barmherzigkeit Gottes durch Jesus Christus zu ihnen kommen. »Adam, wo bist du?« rief Gott im Paradies, »komm heraus zum Gericht.« »Mensch, wo bist du?« ruft Gott heute durch Jesus wieder. Aber das ist kein Ruf zum Gericht. »Komm heraus in all deiner Armut, Not und Schuld«, ruft er, »komm hervor! Du sollst errettet werden!«

3. Dieser Spott ist begreiflich

Wer das Evangelium kennt, der weiß: Diese Hohenpriester, Schriftgelehrten und Ältesten hatten alle Veranlassung, gegen diesen Jesus aufzutreten. Sie haben ihn ja nicht begriffen. Aber, wenn sie ihn verstanden hätten, dann hätten sie nicht nur gespottet. Dann hätten sie gerast oder sich zu ihm bekehrt. Nun fühlten sie es dumpf, daß sie ihn hassen mußten. Warum? Weil er sie ganz und gar überflüssig machte. Weil er an ihre Stelle trat. Das muß ich euch aufzeigen:

Da waren die *Ältesten*. Sie hatten die Leitung und Führung der alttestamentlichen Gemeinde. Nun tritt an ihre Stelle die Gemeinde des neuen Bundes, die der Herr Jesus mit seinem Blut erkauft hat. Und die leitet und führt er selbst durch seinen Geist und durch sein Wort. In einem Lied heißt es: »Herr und Ältester deiner Kreuzgemeinde.« Ja, das ist er, und er allein!

Am 13. November 1741 fand in der Brüdergemeine ein merkwürdiger Vorgang statt. Da wurde der Herr Jesus feierlich zum General-Ältesten der Gemeinde erklärt. Man wollte unübersehbar deutlich machen, wer die Gemeinde regierte, wer ihr König sei.

Dann spotteten da unter dem Kreuz die *Schriftgelehrten*.

Auch sie wurden abgetan. Auch an ihre Stelle trat Jesus. Wie oft heißt es in der Bibel: »Er öffnete ihnen die Schrift.« Er allein kann das und tut das. Ja, mehr! Er legt nicht nur die Propheten aus. Er selbst ist der größte Prophet. Er ist mehr als alle Propheten. Er selbst ist ja das fleischgewordene Wort Gottes. Damit waren natürlich alle willkürlichen Auslegungen der Schrift hinfällig. Nun ist *er* unser Schriftgelehrter.

Und da waren die *Hohenpriester.* Auch sie wurden durch Jesus abgetan. Sie hatten viele Opfer dargebracht zur Versöhnung. Aber alle diese Opfer konnten kein Gewissen reinigen. Doch seht! Da am Kreuz hängt der wahre Priester, der sich selbst zum vollgültigen Opfer darbringt. Dies Opfer versöhnt die Welt mit Gott. Dies Opfer reinigt von Sünden. Dies Opfer macht Gewissen frei. Nun sind alle Priester abgetan, weil er unser Priester ist.

So weist uns unser Text auf das dreifache Amt Jesu: als König, Priester und als Prophet.

Gott schenke uns, daß wir ihn als solchen erkennen und ihm glauben.

Mir hat er geholfen

Sexagesimae 1944
»Desgleichen auch die Hohenpriester spotteten sein
samt den Schriftgelehrten und Ältesten und sprachen:
›Andern hat er geholfen‹.« (Matthäus 27,41-42)

Irgendwo las ich einmal die Geschichte von einem jungen
Künstler, der in großer Armut in Paris lebte. Eines Tages
kam er an einer Auktionshalle vorbei. Er trat ein und hörte
der Versteigerung zu. Da wurde auf einmal ein altes, ver-
staubtes und beschmutztes Kruzifix vorgezeigt. Sofort
ging ein wilder Spott los. Das tat dem jungen Mann weh,
und er kaufte das alte Ding für ein paar Pfennige. Aber als
er nun zu Hause anfing, es vom Schmutz zu reinigen, da
stellte sich heraus, daß es lauter Gold war.
So ist es auch mit dem Evangelium vom Gekreuzigten ergangen. Wie hat man es seit der Aufklärung vor 150 Jahren
verspottet und verachtet! Aber über all dem hat sich nur
herausgestellt, daß es echtes göttliches Gold ist. So hat das
Evangelium selten geleuchtet wie in unseren Tagen.
Und so ging es auch mit Jesus. Da stehen seine Feinde haß-
erfüllt unter dem Kreuz. Die wollen ihn verspotten. Aber
über dem kommt das Gold seiner Herrlichkeit zum Vor-
schein. Denn nun fällt den Feinden gar nichts ein, was sie
ihm vorwerfen könnten als dies: »Andern hat er geholfen.«

Jesus im Urteil seiner Feinde.

1. Wie schön ist, was sie von ihm sagen

 Diese Schriftgelehrten und Ältesten wollten die Hilflosigkeit unseres Heilands verspotten. So schreien sie:

34

»Andern hat er geholfen und kann sich selber nicht helfen!« Und da geben sie nun ungewollt ein Zeugnis für ihn ab, wie es schöner nicht gedacht werden kann: »Andern hat er geholfen!«

Wenn man eine Überschrift setzen müßte über die drei Jahre der Tätigkeit des Herrn, so könnte man es gar nicht besser sagen, als die Feinde des Herrn es tun: »Andern hat er geholfen!«

Es ist, als kämen sie damit unter dem Kreuz einmal zu Wort: Der Mensch, der 38 Jahre am Teich Bethesda krank gelegen hatte, und die kananäische Frau, die so in Not war um ihre Tochter, und der Gichtbrüchige und all die Aussätzigen. Und die blutflüssige Frau, »die all ihre Habe an die Ärzte gewandt hatte«, und der Blindgeborene und der Knecht, dem der Petrus das Ohr abgehauen hatte und ... und ... Das könnte man lange fortsetzen. Wenn wir all diese Elenden an unserem Geist vorbeiziehen lassen, dann geht uns auf, daß es alles Leute waren, denen kein Mensch helfen konnte und die man darum gleichsam mit ihrem Elend beiseite schob. Denn die Welt wird nicht gern an ihre Hilflosigkeit und an ihr Elend erinnert. Die Welt will die Illusion aufrecht erhalten, sie sei doch ganz nett und schön. Und darum rückt sie alles Elend immer in den Winkel und an die Seite.

Aber der Heiland war das Licht und der Helfer gerade für die Winkel geworden, für die Abseitigen und die Unverstandenen.

Darum bekommt unsere Zeit vielleicht ein neues Ohr für Jesus, weil die Winkel sich so füllen, weil so viel Zerschlagene und Betrübte und Elende da sind. Vor einiger Zeit besuchte ich eine Frau. Die hatte nie etwas wissen wollen vom Evangelium. Ja, sogar die Pfarrer waren ihr so verhaßt, daß sie mich in der beleidigendsten Weise empfing. Ich wäre sofort wieder gegangen, wenn ich nicht einen Brief in der Tasche gehabt hätte, in dem mitgeteilt wurde, daß ihr Sohn gefallen ist. Das sagte ich ihr nun. Ach, was ging da für ein Jammer an! Und da konnte ich ihr nur sagen: »Sie haben bisher keinen Heiland gebraucht. Aber nun sind sie mit einem Schlage unter die 'Mühseligen und Beladenen' geraten. Nun ist er der rechte Mann auch für sie.« Da hat sie aufgehorcht.

Sie haben recht, die Feinde Jesu. »Andern hat er geholfen.« Und wollt ihr mir nicht glauben, so glaubt doch seinen Feinden.

2. Wie verkehrt sie es sagen

Von den Feinden Jesu heißt es im zweiten Psalm: »Der im Himmel sitzt, lacht ihrer«. Und wir lachen auch ihrer. Denn sie wollen ihn verspotten und müssen ihm doch ein herrliches Zeugnis ausstellen.

Und dennoch kann man von den Feinden Jesu nichts Gründliches über Jesus erfahren. Weder damals noch heute. Denn der »natürliche Mensch vernimmt nichts vom Geist Gottes«.

So ist auch das ungewollte Zeugnis der Feinde Jesu nur die halbe Wahrheit. Wißt ihr, was daran verkehrt ist? Es ist falsch, daß sie die Vergangenheitsform wählen. Sie sagen: »Andern *hat* er geholfen.« Als wenn das nun zu Ende wäre. Es muß aber heißen: »Andern hilft er«. Ja, gerade als er am Kreuz hing, mußte gesagt werden: »Nun hilft er anderen!«

Seine größte Tat für andere ist nicht dies, daß er da und dort einem Elenden half. Nein! Seine größte Tat ist, daß er für andere starb. Seine größte Tat für andere ist das Kreuz. Ja, darauf kommt nun alles an, daß man das Kreuz richtig sieht. Die Feinde Jesu sehen darin nur das Ende, darum reden sie von seiner Tätigkeit in der Vergangenheitsform. Der Glaube aber sieht im Kreuz den Höhepunkt von Jesu Taten.

Da hat er auch mir geholfen. Ich will es an einem Bild klarmachen.

Im Jahre 1917 eroberten die Bolschewisten den Admiralspalast in Petersburg. Am nächsten Morgen wurden alle im Hof aufgestellt, die man gefangen hatte. Und dann hieß es: »Jeder zehnte wird erschossen! Abzählen!« Ein junger Mann bekam die Zahl 20. Er wurde leichenblaß. Aber in dem Augenblick fühlte er sich leise am Ärmel gepackt und auf die Seite geschoben. Ein anderer tauschte mit ihm den Platz. Es war der alte Oberpriester der Admiralskathedrale. Und der starb dann für ihn.

Nicht wahr, dem war geholfen. Genauso hat mir auch Jesus geholfen. Als mir die Schwere meiner Sünden und mein verlorener Zustand vor Gott aufgingen, da erkannte ich mit Staunen, daß Jesus an meinen Platz getreten war und das Gericht getragen hatte. »Die Strafe liegt auf ihm, auf daß wir Frieden hätten. Und durch seine Wunden sind wir geheilt.« (Jes.53)

So stellen wir uns im Glauben neben die Feinde unter Jesu Kreuz. Und wenn sie schreien: »Andern *hat* er geholfen!« dann rufen wir: »Nein! Jetzt, gerade jetzt, schafft er durch sein Sterben die größte Hilfe allen Sündern!«

3. Wie traurig ist, was sie sagen

»Andern hat er geholfen«, rufen sie, und fahren fort: »... und kann sich selbst nicht helfen!« Sie könnten aber auch weitermachen: »Uns aber hat er nicht geholfen, weil wir seine Hilfe nicht wollten.«

Wie unendlich traurig ist dies: »Andern hat er geholfen, nicht uns.« Als sie das so höhnend unter dem Kreuz riefen, da hob vielleicht der Schächer sein sterbendes Haupt. Über seine blassen Züge ging ein Leuchten. Und seine Lippen murmelten: »Nein! Nicht anderen! Mir! Mir hat er geholfen! Mir!«

Da stand ein junger Mann, der spätere Apostel Johannes. Der sah dankbar auf seinen Heiland, und sein Herz dachte: »Nein! Nicht anderen! Mir hast du geholfen, damit mein Leben einen Halt und ein Ziel bekam. Mir hast du geholfen! Mir!«

Das ist das Traurigste, was ich mir denken kann, wenn man an anderen sieht, wie herrlich Jesus hilft und selbst hat man nichts davon. Wenn man sieht, wie andere die Vergebung der Sünden rühmen, und selbst bleibt man beladen. Wenn man an anderen den Frieden mit Gott findet, und selbst ist man friedlos.

Und wenn du hoch von Jesu rühmtest und sagtest: »Andern hat er geholfen!«, so ständest du immer noch bei den Feinden Jesu. Die wußten das auch. Erst wer bezeugen kann: »*Mir* hat er geholfen«, ist eingegangen in die Tore der Freude, des Friedens, des Reiches Gottes.

Was den Heiland am Kreuz festhält

Sonntag Estomihi 1944
»Sie spotteten sein: Andern hat er geholfen und kann
sich selber nicht helfen!« (Matthäus 27,42)

Wißt ihr, wer Simson war? Das Richterbuch in der Bibel
erzählt uns von ihm, daß er ein »Verlobter Gottes« war.
Oh, was war dieser Simson für ein gewaltiger Held! Als ihn
einst ein Löwe ansprang, griff er ihm ins Maul und riß ihn
auseinander. Und als er einst in einer Stadt war, schlossen
die Philister schnell die Tore, um ihn zu fangen. Da hob
Simson einfach die ganzen Tore aus und trug sie weg.
Es ist erschütternd zu lesen, wie dieser Starke unter dem
Einfluß einer leichtfertigen Frau aufhört, ein »Verlobter
Gottes« zu sein. Da war's mit seiner Kraft aus. Seine
Feinde griffen und banden ihn. Und ich sehe es förmlich
vor mir, wie sie ihn verhöhnen: »Jetzt kann er sich nicht
mehr helfen!«
In unserem Text sehen wir auch einen gebundenen Starken.
Er war stärker als Simson. Er stillte den Sturm im Meer
und rief die Toten aus dem Tode. Und er ist mehr als ein
Verlobter Gottes — er ist der Sohn!
Und aus dieser Stellung fiel er nicht heraus wie Simson.
Ja, bei Simson ist's begreiflich, daß die Kraft von ihm
wich. Aber bei Jesus nicht!
Und doch verspotteten sie ihn: »Er kann sich selbst nicht
helfen!« Kann er wirklich nicht? Kann er nicht die Nägel
herausreißen und herabspringen? Oh, das kann er wohl.
Und doch: Es hält ihn etwas Stärkeres als die Nägel am
Kreuz fest.

Was hält den Heiland am Kreuz fest?

1. Der Gehorsam gegen den Vater

In Psalm 14 heißt es: »Der Herr schaut vom Himmel auf der Menschen Kinder, daß er sehe, ob jemand klug sei und nach Gott frage. Aber sie sind alle abgewichen ...« Alle! So hieß es damals! Doch jetzt kann man das nicht mehr so sagen. Nein! *Einer* ist da, der nicht abgewichen ist. Einer, um dessentwillen Gott gnädig ist. Einer »ward gehorsam bis zum Tode, ja zum Tode am Kreuz.« (Phil.2,8) *Wir* gehören unter das vernichtende Urteil: »Sie sind alle abgefallen.« Wir sind ja so ungehorsam, daß wir Gottes Willen meist nicht mal richtig wissen. Was wissen wir denn noch von der Stille über Gottes Wort, wo man unter Gebet seinen Willen erfragt. Mit großem Geschrei geben wir unseren Willen für Gottes Willen aus. Wir laufen ihm weg. Und wenn er uns durch harte Schläge unter seinen Willen zwingen will, dann begehren wir auf. Ich besuchte einmal eine Mutter, deren Sohn gefallen war; das war ein schweres Leid. Aber es war nun doch erschütternd, wie bei dieser Frau nur ein Aufbegehren war: »Wie kann Gott so etwas tun?!« Meine kleine Tochter hatte mal einen ganz bösen Tag. Da ging es nur immer »Nein! Ich will nicht!« Am Abend aber tat ihr das nun selber leid. Und da betete sie: »Herr! Gib mir doch ein Ja-sage-Herz!« — Seht, der Herr Jesus hatte so ein »Ja-sage-Herz«. Der Dichter Paul Gerhardt hat das in einem seiner Lieder so wunderbar und schön geschildert. Da sagt der Vater: »Geh hin mein Kind, und nimm dich an, der Kinder die ich ausgetan zu Straf und Zornesruten ...« Und der Sohn antwortet: »Ja, Vater, ja, von Herzensgrund, leg auf, ich will's gern tragen ...« Und seht, dieser Gehorsam gegen den Vater hält den Heiland am Kreuz fest, er ist stärker als die Nägel.

2. Die Ehrfurcht vor der Schrift

Als ich mich mit einem Freunde über diese Predigt besprach, machte er mich auf einen wichtigen Punkt aufmerksam. Jedem Kenner des Neuen Testamentes ist dies gewiß aufgefallen: So oft Jesus nach seiner Auferstehung mit seinen Jüngern über sein Kreuz sprach, berief er sich immer auf die Schrift des Alten Bundes. »Also steht geschrieben, und also mußte es geschehen!« — Dahinter steckt ein tiefer Sinn. Der Herr macht deutlich: Die Schrift ist Gottes Wort! Und das gilt unwandelbar. Mit Gottes Wort ist es anders als mit unserem Wort und unseren Schriften. Unser Wort ist unzuverlässig! Gottes Wort aber gilt eisern. — Ein Freund von mir sagte mal: »Über alle Menschenschriften könnte man als Überschrift schreiben: ›Was kümmert mich mein Geschwätz von gestern!‹« Der Philosoph Nietzsche hat in seinen späteren Schriften genau das Gegenteil gesagt von dem, was er früher sagte. Aber er gilt als »der Große im Reich der Geister«. So ist es mit dem Menschenwort. Es ist mit all unseren Worten wie bei jener Frau, die ein Lebensmittelgeschäft hatte. Da schrieb sie an ihren Eierlieferanten: »Schicken Sie mir eine Kiste Eier! Ihre Frau N.N.« — Nachschrift: »Eben sehe ich, daß ich noch welche habe. Also schicken Sie mir keine!« So ist Menschenwort! Ja und Nein! Man weiß nie, was gilt. Aber ganz anders ist es mit Gottes Wort. Da ist »Ja!«, das gilt!

Aber — nun paßt auf! Es gab einen Augenblick, da stand es auf Messers Schneide, ob wirklich Gottes Wort gilt. Und das war, als Jesus am Kreuz hing. Seht, wenn Gott z.B. in Jesaja 43,1 sagt: »Ich habe dich erlöst, du bist mein«, dann sollte das durch Jesu Sterben erfüllt werden. Wenn Gott in Sacharja 13,1 sagt: »Zu der Zeit werden die Bürger zu Jeru-

salem einen offenen Born haben wider alle Sünde und Un-
gerechtigkeit« — dann ging das auf Jesu Wunden. Wie,
wenn nun Jesus vom Kreuze sprang? Wenn er sich selbst
half? Dann war Gott zum Lügner gemacht. Dann waren
seine Verheißungen Wind. Dann fiel das ganze Wort
Gottes hin.

Und seht, das hält unseren Heiland am Kreuz und ist
stärker als die Nägel: »Es muß Gottes Wort wahr sein!«
Ich muß seine Verheißungen erfüllen. Sonst mache ich ihn
zum Lügner. Nun kann Paulus das herrliche Wort sagen:
»Alle Gottesverheißungen sind Ja in Jesus und sind Amen
in Jesus« (2.Kor.1,20). Und nun können wir fest auf Gottes
Wort vertrauen.

3. Die Liebe zu uns

Es hat mir einmal einer erzählt, wie er es erlebte, daß ein
zum Tode Verurteilter zur Hinrichtung geführt wurde.
Diese Schilderung ließ mich nicht schlafen. Und da mußte
ich auf einmal denken: »Ja, sind wir denn nicht alle in
dieser Lage?« Ach, in noch viel schlimmerer! Wir gehen
auch dem Tod entgegen. Aber damit ist's noch nicht zu
Ende: dahinter kommt erst das Gericht Gottes. Und wer
kann da bestehen?

Der Mensch kann sich über diese furchtbare Lage hinweg-
täuschen. Durch wilde Arbeiterei, durch Zerstreuung,
durch große Reden. Aber es bleibt doch so! Und da heißt
es auch wieder, wie so oft, von dem Sohn Gottes: »Es jam-
merte ihn des Volkes.« Und darum schuf er durch sein
Sterben eine Errettung. Oh, daß wir uns doch gründlich zu
ihm bekehrten! Bei ihm ist Errettung vom Gericht, weil er
die Sünden vergibt. Bei ihm ist Errettung vom Tode, weil er
der Lebensfürst ist und den Tod überwunden hat.

Und wenn einer von uns dies Heil verschmähen sollte, so bleibt er doch der, »dem allemal das Herze bricht, wir kommen oder kommen nicht.«

Seine Liebe zu uns, sein Errettungswille, hält ihn fester am Kreuz als die Nägel. Er wollte es durchfechten für uns und hat es getan.

In meiner Bücherei habe ich ein Buch mit dem Titel: »Die ganz große Liebe!« In dem ist von Jesus die Rede. Oh, ihr Leute, denen das Leben hart mitspielt: Seht doch am Kreuz »die ganz große Liebe«! Sprecht mit Tersteegen:

»Ich will, anstatt an mich zu denken,
ins Meer der Liebe mich versenken.«

Die Art des rechten Glaubens

Sonntag Invokavit 1944
» . . . Ist er der König Israels, so steige er nur vom Kreuz,
so wollen wir ihm glauben.« (Matthäus 27,42b)

»Gott mein Schöpfer, der Lobgesänge gibt in der Nacht«, heißt es in Hiob 35,10. Die Bibel weiß viel von solchen gesegneten Nachtstunden zu berichten. In der Nacht rang Jakob mit dem Herrn, bis er ihn segnete. In der Nacht wurde Lot aus Sodom geführt. In der Nacht öffnete der Herr dem Daniel die Geheimnisse der Zukunft (Dan.2,19). In der Nacht redete Nikodemus mit dem Herrn. Und in der Nacht suchte Jesus das Angesicht des Vaters.

Eine der schönsten Nachtstunden aber wird uns von Abraham berichtet. Gott hatte ihm einen Sohn verheißen. Aber Abraham war nun alt geworden. Und der Sohn war nicht da. Und da führte Gott ihn in einer Nacht hinaus vor sein Zelt. Ein Mann allein mit Gott in der Stille der Nacht. Über der schlafenden Erde flammen die Sterne. Und da sagt Gott: »Siehst du die Sterne? Kannst du sie zählen? So soll dein Same sein.« Und dann heißt es so schön: »Abraham glaubte dem Herrn. Und das rechnete er ihm zur Gerechtigkeit.«

Daß wir solchen Glauben hätten! Die Leute unter Jesu Kreuz redeten auch vom Glauben. Aber sie hatten keine Ahnung vom rechten Glauben. Ich möchte euch am Gegensatz zu ihrer törichten Spottrede eines aufzeigen:

Die Art des rechten Glaubens.

1. Wie der rechte Glaube entsteht

Als der Sohn Gottes am Kreuz hing, da riefen seine Feinde: »Steige nun vom Kreuz, so wollen wir dir glauben.« Die hatten also eine ganz bestimmte Vorstellung davon, wie der Glaube entsteht, nämlich durch Wunder und durch Erfolg. Wenn Jesus das Wunder fertigbekommt und vom Kreuz steigt — sagen sie — dann können wir glauben!

Jesus hat darauf gar nicht geantwortet. Warum nicht? Konnte er dies Wunder nicht tun? Oh doch! Gewiß!

Aber — und nun muß ich etwas sagen, was gar nicht ausdrücklich genug gesagt werden kann — der Wunder- und Erfolgsglaube ist das genaue Gegenteil vom rechten Glauben. Jeder Kenner der Heiligen Schrift weiß, daß am Ende der Zeiten der Antichrist kommen wird. Und da müßt ihr mal in Offenbarung 13 selbst nachlesen, wie der die Menschen zum Glauben an sich bringt: durch riesige Erfolge, durch Wunder, die er tun läßt.

Der rechte Heilsglaube entsteht ganz anders. Er entsteht durch das Wirken des Heiligen Geistes im Herzen. Dieser Heilige Geist — ja, womit soll ich sein Wirken vergleichen? Er ist wie ein Licht in dunkler Nacht, so daß man mit Schrecken seine Finsternis, Verlorenheit und Schuld erkennt. Er ist wie ein starker Zug, der uns zum Heiland hinzieht. Er ist wie ein Scheinwerfer, der alles Licht auf den Gekreuzigten fallen läßt, so daß man weiß: »Auch mich, auch mich erlöst er da.« Er ist wie die Frühlingssonne, vor der das alte, böse, tote Wesen weichen muß, und Freude und Friede einzieht. Durch das Wirken des Heiligen Geistes, um den wir bitten dürfen, entsteht der rechte Heilsglaube.

2. Woran sich der rechte Glaube orientiert

Die Spötter, die unter dem Kreuz standen, dachten so: »Der Glaube orientiert sich an unseren eigenen Wünschen.« Sie hatten sich das so ausgedacht: Wenn ein

Heiland kommt, dann muß er ein großer König und Wundertäter sein. Und so sagen sie noch unter dem Kreuz: »Wenn du jetzt vom Kreuz heruntersteigst, dann wollen wir dir glauben! Dann bist du nämlich so, wie wir uns das gedacht haben!«

So machen es die meisten Menschen. Sie orientieren ihren Glauben an ihren eigenen Wünschen. Sie denken sich einen Gott aus, der ihnen in allen Stücken zu willen sein muß. Wenn er aber nicht so tut, wenn er etwa den Sohn nicht aus dem Feld nach Hause kommen läßt, wenn er nicht das Haus bewahrt beim Fliegerangriff — kurz, wenn er nicht vom Kreuz steigt, dann ist es mit dem Glauben aus. Und dabei waren diese Spötter unter dem Kreuz ja Schriftgelehrte. Die hätten doch wissen sollen, daß der rechte Glaube sich nicht an unseren Wünschen orientiert, sondern *an der Bibel*. Hätten sie ihre Bibel ernst genommen, dann hätten sie gewußt, daß der Heiland uns nicht mit Kraft, Pomp und Gewalt, sondern mit Leiden und Sterben erlöst. So nämlich steht es überall schon im Alten Testament verkündigt. Der rechte Glaube orientiert sich an der Bibel. Dann nimmt man nicht Anstoß am Kreuz, weil man da liest: »Er ist um unserer Missetat willen verwundet und um unserer Sünde willen zerschlagen .... durch seine Wunden sind wir geheilt.« (Jes.53) Da nimmt man nicht Anstoß, wenn der Herr uns ins Leiden führt. Denn in der Bibel steht ja: »Wir müssen durch viel Trübsal in das Reich Gottes gehen.« (Apg.14,22)

Als im Mittelalter der große Glaubensstreit entbrannte, stand der Gottesmann Luther eines Tages vor dem Reichstag zu Worms. Alle weltliche und geistliche Macht war da mit großer Pracht versammelt. Und dann wurde er aufgefordert, er sollte alles, was er je geschrieben hatte, zurücknehmen. Und was hat er geantwortet? »Man soll mir aus der Bibel nachweisen, daß ich geirrt habe. Dann will ich widerrufen. Sonst nicht.«

Der rechte Glaube orientiert sich an der Bibel. Und darum hält er mit Leidenschaft fest an diesem Buch. Und er sagt: »Wenn dein Wort nicht mehr soll gelten, worauf soll der Glaube ruhn? Mir ist's nicht um tausend Welten, aber um dein Wort zu tun!«

3. Was der rechte Glaube wagt

Oh seht doch diese Spötter unter dem Kreuz! Solange der Herr Menschen speiste, Kranke heilte, war er ihnen recht. Aber als sein Weg in das Leidensdunkel geht, sagen sie: »Das geht zu weit! Da kommen wir nicht mit. Steig' herab, dann gehen wir wieder mit dir!«

Als ich ein kleiner Junge war, wollte mal ein größerer Vetter mit mir eine Höhle in Württemberg besuchen. An der Höhle angekommen, steckten wir unsere Kerzen an. Und dann ging es hinein. Aber nach kurzer Zeit wurde es mir unheimlich. Diese Finsternis! Und das dumpfe Wasserrauschen — und dann — ja, dann kehrte ich um und ließ ihn allein.

Wieviele machen es so mit Jesus. Eine Zeitlang ist er ihnen recht. Aber wenn's ins Dunkle geht, in das Sterben des alten Menschen, an das Zerbrechen unserer Wünsche und Hoffnungen, dann sagt man: »Das geht zu weit. Ich kehre um!«

Der rechte Glaube aber geht mit dem Heiland auch ins Dunkle. So lesen wir von Abraham (Hebr.2,8): »Durch den Glauben ward gehorsam Abraham, da er berufen ward, auszugehen ... und ging aus und wußte nicht, wo er hinkäme.« Er ging mit Jesus ins Dunkle und Ungewisse. Und eines Tages kam sogar der Befehl, er sollte seinen einzigen Sohn auf dem Berge Morija opfern. Da hat er nicht aufgeschrien: »Das geht zu weit!«, sondern ist getrost im Glauben diesen dunklen Weg gegangen, der am Ende doch ins Licht führte.

So sagt der rechte Glaube nicht: »Steige herab vom Kreuz, so will ich dir glauben«, sondern er sagt:

> »Ich will mich selber mit dir ans Kreuz geben,
> damit ich mit dir lebe, der du auferstanden bist!«

Es geht am Kreuz um *unsre* Not

Sonntag Reminiscere 1944
»Sie spotteten und sprachen: ›. . . Er hat Gott vertraut;
der erlöse ihn nun, hat er Lust zu ihm.‹«
(Matthäus 27,43)

Aus den dunklen Urzeiten der Menschheit wird uns in 1.Mose 11 eine aufwühlende Geschichte berichtet. Es hatte damals alle Welt einerlei Sprache. Eines Tages faßten die Menschen den Beschluß: »Wohlauf, laßt uns einen Turm bauen, dessen Spitze bis in den Himmel reicht, daß wir uns einen Namen machen.«

Nun beginnt der Titanentrotz des Menschen den Bau des babylonischen Turms, der als phantastisches Zeichen die »Pensionierung Gottes« und die Selbstherrlichkeit des Menschen proklamieren soll.

Ihr wißt, wie es weiterging: Der Turm wurde nie fertig. Der Herr fuhr hernieder und verwirrte ihre Sprache, daß einer den andern nicht mehr verstand. Und dabei ist es geblieben, wie ja die Gegenwart zeigt.

Aber die Verwirrung ging noch tiefer. Nicht nur zwischen Mensch und Mensch wurde die »Sprache verwirrt«, sondern auch zwischen Mensch und Gott. Der Mensch versteht auch die Sprache Gottes nicht mehr, solange Gott ihm nicht durch den Heiligen Geist hilft. Davon redet unser Text. Das Kreuz ist die deutlichste Rede Gottes. Aber — wer versteht sie? Die Leute unter dem Kreuz jedenfalls nicht.

Das dreifache Mißverständnis des Kreuzes.

1. Es geht nicht um Jesu Not, sondern um unsre

Da stehen die Spötter unter dem Kreuz. Und es ist, als streife ihr Herz eine Ahnung von Jesu ungeheurer Not. Aber auch daraus machen sie nun einen Spott: »Du hast dich ja so oft erfolgreich an Gott gewandt. Tu es doch auch jetzt in deiner Not!«

Welch ungeheures Mißverständnis! Es geht auf Golgatha gar nicht um Jesu Not. Es geht vielmehr um unsre Not.

Dieses Mißverständnis hat die ganze Kirchengeschichte durchzogen. Die katholische Mystik des Mittelalters, besonders die franziskanische Mystik, geht in der Linie des Mitleids mit dem leidenden Heiland. In dem bekannten Lied »Stabat mater« stellt sich die Seele gleichsam neben Maria unter das Kreuz und klagt mit ihr: »Laß mein Weinen um den Reinen mit dem Deinen sich vereinen, bis zu meiner letzten Stund; trauernd mich mit dir zu sehen, an dem Fuß des Kreuzes stehen, wünsch ich mir von Herzensgrund.«

Ja, sogar im evangelischen Gesangbuch findet sich dieses Mißverständnis, als gehe es um Jesu Not: »O süßer Bund, o Glaubensgrund, wie bist du doch zerschlagen! Alles, was auf Erden lebt, muß dich ja beklagen.«

Luther nennt das in der lateinischen Ausgabe der Schrift »Von der Freiheit eines Christenmenschen« einen »kindischen und weibischen Unsinn«.

Es geht am Kreuz um unsre Not! Und zwar um eine größere, als die der Krieg mit sich bringt. Es geht um die Not unseres Gewissens, um die Not unserer friedlosen Seele, um die Not, daß wir der Hölle zueilen.

Ein befreundeter Missionar erzählte mir einst von einem indischen Götzenfest. Tausende sind versammelt. Da kommen die riesigen Triumphwagen der Götter. Ihre Räder sind wie ungeheure Walzen. Und auf einmal stürzt ein Mann aus der Menge, wirft sich unter die Räder und läßt sich zermalmen. Aus Hunger nach Frieden des Herzens!

Um diese Not, die die wahre Menschheitsnot ist, geht es an Jesu Kreuz. Diese Not will er stillen. Hier wird für uns alle der Friede mit Gott erfochten.

2. Es geht nicht um Jesu Erlösung, sondern um unsre

Da stehen sie unter dem Kreuz des Sohnes Gottes und spotten: »Er hat Gott vertraut, der erlöse ihn nun ... !« Welch ungeheures Mißverständnis! Es geht auf Golgatha nicht darum, daß Jesus erlöst wird. Es geht um unsre Erlösung!

Auch dieses Mißverständnis ist bis zum heutigen Tag vorhanden. Nicht nur Jesus hat am Kreuz gehangen. Auch die Sache seines Reiches *geht* in dieser Weltzeit den Kreuzesweg. Den Feinden Christi ist das nun Anlaß zu höhnischem Triumpfgeschrei, den gutmeinenden Leuten aber zu schwerer Sorge. Wie oft begegnen mir wohlmeinende Leute, die um die Kirche Christi recht besorgt sind und allerlei gute Vorschläge haben, wie man der Sache der Kirche und Christi aufhelfen könnte. Also: diese Sorge dürfen wir getrost fallen lassen. Es geht nicht darum, daß Jesus und seine Sache erlöst werden. Nein! Es geht vielmehr darum, daß wir erlöst werden.

Oh, ihr törichten Hohenpriester, Schriftgelehrten und Ältesten! Da steht ihr nun und ruft: »Er hat Gott vertraut, der erlöse ihn nun!« Ja, habt ihr euch denn schon mal Gedanken gemacht, wer *euch* erlösen soll? Erlösen von eurer Blindheit, von eurem geistlichen Tod, von eurer Schuld, von der Gewalt der Finsternis, von der Hölle, ja, von euch selbst? Wer soll *euch* denn erlösen? Seht nur auf den Mann am Kreuz! Der tut es!

Einer der edelsten Männer der katholischen Kirche, Vinzenz von Paul (gest. 1660), traf in einer französischen Hafenstadt einen Galeerensklaven, der ihm durch sein trauriges Gesicht auffiel. Auf Befragen erfuhr er, dieser Mann sei wegen Wilderns zu sechs Jahren Galeere verurteilt worden. Vier Jahre habe er verbüßt. Seine Frau und Kinder seien in großer Not. Wenn jemand für ihn einträte, würde er natürlich freigelassen. Da ließ sich Vinzenz von Paul an die Galeere schmieden. Und der Mann durfte heimkehren.

Das ist ein schwaches Gleichnis für die Erlösung Jesu. Wer will sie auch erklären? Aber im Glauben darf man es erfahren: »Die Strafe liegt auf ihm, auf daß wir Frieden hätten« (Jes. 53,5).

Und der Glaube bekennt mit Luther: »Ich glaube, daß Jesus Christus sei mein Herr, der mich verlorenen und verdammten Menschen erlöset hat, erworben und gewonnen von allen Sünden, vom Tode und von der Gewalt des Teufels, nicht mit Gold oder Silber, sondern mit seinem heiligen teuren Blut und mit seinem unschuldigen Leiden und Sterben, auf daß ich sein eigen sei ... «

3. Es geht nicht darum, ob Gott zu Jesus Lust hat, sondern darum, ob er zu uns noch Lust hat

Da spotteten die Feinde Jesu in ihrer geistlichen Blindheit unter dem Kreuz: »Er hat Gott vertraut; der erlöse ihn nun, hat er Lust zu ihm!« Welch ein Mißverständnis! Das ist keine Frage, ob Gott Lust zu seinem Sohn hat. Zweimal hat Gott vernehmlich gesagt: »Dies ist mein lieber Sohn,

52

an dem ich Wohlgefallen habe.« Nein, darum geht es, ob Gott noch Lust zu diesen Menschen hat. Wenn ich Gott wäre, hätte ich keine Lust zu dieser blinden, blutdürstigen, verkehrten, charakterlosen Menschheit.

Aber — und das ist das unfaßbare Wunder des Evangeliums — Gott hat zu dieser Menschheit Lust, so Lust, daß er seinen eingeborenen Sohn ans Kreuz gab. Laßt mich ein Bild gebrauchen. Und nun will ich reden mit denen, die einen Sohn im Felde verloren haben. Oh, wie blutet da das Herz! Wenn es könnte, würde es den Sohn aus der Erde holen. Meint ihr, Gottes Vaterherz sei anders? Er hat auch Söhne und Töchter, die tot sind, geistlich tot, tot in Sünde und Gottesferne, gefallen! Ja, gefallen in Unglaube, Ungehorsam, Verdammnis.

Da entbrennt sein Herz. Er kann es nicht lassen: Er will sie aus dem Tode erretten. Darum hängt der Heiland am Kreuz.

Wer's nicht verstehen kann, der glaube doch denen, die es schon erfahren haben: sein Tod ist unser Leben; sein Sterben ist unsere Versöhnung. Sieh doch Gottes Werben um dich, daß er seinen Sohn gibt.

Oh, wie hat Gott Lust an denen, die glauben und sich bekehren, die gekleidet sind in die Gerechtigkeit Jesu Christi.

Jesus *ist* Gottes Sohn

Sonntag Okuli 1944
» . . . *denn er hat gesagt:* ›*Ich bin Gottes Sohn!*‹«
(aus der Matthäuspassion)

In meiner Heimatstadt Frankfurt wurde in jedem Jahr die
Matthäuspassion von J. S. Bach aufgeführt. Schon von
früher Jugend an nahmen mich meine Eltern dort mit hin.
Diese großartige Passionsmusik gehört zu meinen tiefsten
Jugendeindrücken.

Da ist dieser Spott unter dem Kreuz besonders ein-
drücklich — achtstimmig toben, grollen, schrillen,
schreien die Chöre die Hohnworte: »Er hat Gott vertraut,
der erlöse ihn nun, hat er Lust zu ihm . . . « Man hört
förmlich das wirre Geschrei unter dem Kreuz.

Aber dann — und da lief es mir immer kalt über den
Rücken — dann vereinen sich auf einmal die Stimmen.
Und gewaltig, unisono, schließt dieser Chor: » . . . denn er
hat gesagt: ›Ich bin Gottes Sohn!‹«

Da hat Bach, dieser Freund des Evangeliums, deutlich gemacht, daß hier der dumme Spott aufgehört hat, daß hier
die eigentliche Anklage ist, daß hier die Stelle ist, wo die
Geister sich scheiden. Wie ein Bekenntnis aus Haß heraus
ist dieser lapidare Satz:

» . . . denn er hat gesagt: ›Ich bin Gottes Sohn!‹«

1. Jesus selbst hat es gesagt

»*Er* hat es gesagt: ›Ich bin Gottes Sohn!‹«
Das ist mir wichtig. Denn seit Jesus in mein Leben kam, lag
mir alles daran, volle Klarheit über ihn zu haben. Die Welt
macht es sich ja in Glaubensdingen sehr leicht. Sie glaubt

einfach, was gerade Mode ist. Und je nach Bedarf wechselt man den Glauben — wie ein Hemd.

Das können die nicht mehr tun, die Gottes Geist erweckt hat. Sie wollen Gewißheit. Sie wollen Felsgrund unter den Füßen. Ein Erweckter sagt: »Ich kann jetzt nicht Menschengeschwätz brauchen. Ich brauche einen Glauben, der auch im Sterben nicht zerbricht.«

Seht, darum mußte ich Klarheit über Jesus haben. Die Welt läßt Jesus auch gelten. *Aber nur als einen Menschen.* Am vernehmlichsten ist das wohl ausgesprochen worden in einem Buch von Gustav Frenssen: »Hilligenlei«. Das Buch erschien 1905 und hatte im ersten Weltkrieg schon eine Auflage von 160000, obwohl es über 600 Seiten hat. Da wird erzählt, daß der Heiland ein ganz schlichter Mensch war: »Und als er tot war, da kamen sie aus allen Ländern. Syrer und Ägypter, germanische Soldaten und griechische Arbeiter. Und sie überzeichneten das Heilandsleben.« Und etwas weiter lesen wir dann: »Dann kam Paulus, ein durch und durch kranker Mensch, und legte um das schlichte, bange, demütige Menschenkind Jesus siebenfach glitzernden Goldbrokat und machte ihn zu einem ewigen Gotteswesen.«

So schrieb Frenssen. So lehrten Professoren, Studienräte und Lehrer. Und das Volk glaubte es — weil sie die Bibel nicht mehr lasen.

Ihr braucht jetzt mal nicht auf die Jünger Jesu zu hören und auch nicht auf die Kirche. Hört doch, was die Feinde Jesu sagen. Das sind doch in diesem Fall gewiß unverdächtige Zeugen: » ... *er* hat gesagt: ›Ich bin Gottes Sohn!‹« — Nicht die Kirche und Paulus haben ihn dazu gemacht. Nicht die Kirche und Paulus haben ihm »den Goldbrokat der Gottessohnschaft« umgehängt. Nein! Er selbst hat es getan. So sagen es seine Feinde.

Und nun stehen wir vor der Frage: »Wollen wir ihm das glauben?« Wenn wir ihm das nicht glauben, dann müssen wir ihn als einen Betrüger ansehen. Aber, sieht so ein Betrüger aus? Ich kann nur bekennen: »Ich glaube es ihm, wenn er sagt: ›Ich bin Gottes Sohn‹.«

2. Dem Glauben liegt viel daran

Alle Feinde des Herrn sind doch nur Marionetten in seiner Hand, das spürt man hier. Da stehen sie höhnend unter dem Kreuz. Und dann ist es, als wenn Gottes starke Hand sie im Genick packte und sie zwänge, vor aller Welt deutlich zu bekennen: » ... er hat gesagt: ›Ich bin Gottes Sohn!‹« Gerade an diesem Satz liegt dem Glauben alles. Wenn er nicht nur ein Mensch war, dann ist sein Sterben eine Tat Gottes zu unserer Errettung. Ein Bild soll es deutlich machen: Ich ging einst durch die alte Ordensburg in Reval. Ich wurde auch in den schrecklichen Kerker geführt. Jemand erzählte mir, daß man da die Gefangenen gezwungen hätte, sich selbst einzumauern.

Nun seht, dies haben wir Menschen freiwillig getan. Wir haben Schuld auf Schuld gehäuft, eine Mauer von Sünde aufgebaut und uns damit von Gott, vom Leben, von aller Hoffnung abgemauert.

Wenn sich Gefangene dann in der Burg eingemauert hatten, konnte keiner mehr dem anderen helfen. Auch der Stärkste, der Edelste konnte nicht helfen. Hilfe konnte nur noch von außen kommen.

So kann kein Mensch eine Erlösung schaffen. Wir sind ja alle in der gleichen Verdammnis. Auch der Edelste, auch der Stärkste! Das Alte Testament sagt das mit den ergreifenden Worten: »Kann doch einen Bruder niemand erlösen noch ihn Gott versöhnen ... , man muß es lassen anstehen ewiglich« (Ps.49,8).

Den in Schuld und Gottesferne Eingemauerten kann die Hilfe *nur von außen* kommen, aus einer anderen Dimension. Nur von Gott her.

Und sie ist gekommen. Als Jesus sterbend rief: »Es ist vollbracht!«, da war die Mauer aufgebrochen. Da war der Weg zu Gott frei geworden durch die Vergebung der Sünden.

Seht, darum liegt dem Glauben alles daran, daß Jesus wirklich der Mann aus der anderen Dimension ist, der Helfer, der von außen, von Gott her gekommen ist.

1863 erschien ein vielgelesenes, geistreiches Buch von Renan mit dem Titel »Leben Jesu«. Da ist Jesus auch als Mensch gezeigt und die Gottessohnschaft geleugnet. Darauf hat der greise Maler Cornelius ein Bild gemalt: Man sieht, wie Thomas nach der Auferstehung vor Jesus niederfällt und sagt: »Mein Herr und mein Gott!« Zu diesem Bild sagte Cornelius: »Das ist meine Antwort an Renan!«

Der christliche Glaube, ja unser Heil, steht und fällt mit der Gottessohnschaft Jesu.

3. Dann muß seine Erlösung kräftig sein

Gott war in Jesus und versöhnte die Welt mit sich selbst (2.Kor.5,19). Wenn Gott etwas tut, dann ist es vollkommen. Also ist in Jesus vollkommenes Heil für jedes Leben. Das bezeugte ich vor kurzem einem Manne. Da sagte er: »Ich habe von dieser Kraft nichts gespürt.« Ich konnte nur antworten: »Sie müssen sich nur im Glauben an diesen Kraftstrom anschließen.« — Laßt mich zum Schluß eine Geschichte erzählen: Ein Mann träumte, er sei in die Hölle gekommen. Er ging über eine trostlose Steppe. An einem schmutzigen Fluß saßen regungslos viele Menschen. Er fragte einen: »Was macht ihr da?« » Wir denken nach!« »Worüber denkt ihr nach?« »Wir denken über einen Namen nach.« »Über welchen Namen?« »Wir kennen ihn nicht.« »Wie soll ich das verstehen, daß ihr über einen Namen nachdenkt, den ihr nicht kennt?«

Da richtete sich der Verlorene auf und sagte: »Wir wissen, es gibt einen Namen, der so mächtig ist, daß wir sogar aus der Hölle errettet werden können, wenn wir ihn anriefen. Aber dieser Name fällt uns nicht mehr ein.«

Wir kennen diesen Namen: Jesus! Weil er der Sohn Gottes ist, ist sein Heil ein völliges Heil, ist sein Sterben eine wirkliche Erlösung. Weil er der Sohn Gottes ist, kann es von ihm heißen: »Wer den Namen des Herrn Jesus anrufen wird, soll selig werden« (Apg.2,21).

Gott hat dem Tod eine Grenze gesetzt

Ostern 1944
»Denn du wirst meine Seele nicht dem Tode lassen und
nicht zugeben, daß dein Heiliger verwese.«
(Psalm 16,10)

Als Abraham einst seine Zelte im Hain Mamre aufge-
schlagen hatte, kam abgehetzt ein Bote zu ihm und ver-
kündete: »Mächtige Feinde haben die Stadt Sodom über-
fallen und alle Einwohner weggeschleppt, darunter auch
deinen Neffen Lot mit allen den Seinen.«
Sofort bewaffnete Abraham 318 Knechte, brach mit ihnen
auf und folgte den Feinden in Eilmärschen. Und bei Nacht
überfiel er das Lager der Feinde. Die waren so bestürzt,
daß sie entsetzt flohen und alle Beute zurückliessen
(1.Mose 14).
Wißt ihr, ich wäre gerne der Bote gewesen, der nun zu Lot
sprang und sagte: »Ihr seid frei!«
Da ist ein schauerlicher und starker Feind, der uns alle da-
vonschleppt — der Tod. Oh, wie schleppt er Beute davon!
Und er macht ein Geschrei, als habe er allein das letzte
Wort. Aber hier in der Bibel steht die ungeheure Sieges-
und Freudenkunde:

Vom Sieg über den Tod.

1. Von der ungeheuren Macht des Todes

Welch ein entsetzlicher Feind ist doch der Tod! Wie un-
barmherzig ist er. Da sitzt eine Mutter am Bett ihres
Kindes. Ihr Herz schreit und ihre Tränen fließen, daß es
den Härtesten erbarmen müßte. Aber der Tod kennt kein
Erbarmen. Da haben Eltern ihren Sohn an der Front,

Frauen ihren Gatten. Wer kann die stillen Nachtstunden zählen, wo sie sorgen, beten und weinen um ihre Lieben. Aber den Tod rührt das nicht. Er schwingt sein Schwert und fährt drein.

Oh, du unbarmherziger Tod!

Und wie respektlos ist dieser Feind! Er schleppt nicht nur die Armen und Elenden davon, denen das Leben vielleicht schon eine Last ist. Oh, nein! Er reißt dem König die Krone vom Haupt, reißt den planenden Großindustriellen von seinen Plänen; er legt den Stolzen zu den Würmern. Er fragt nicht, ob einer mit seinem Lebenswerk fertig ist. Mitten aus der Arbeit holt er ihn weg. Er fragt nicht, ob ein Leben besonders wertvoll war. Er behandelt die köstlichen Blumen genauso wie das schlechte Gras.

Oh Tod, woher kommt dir diese entsetzliche Macht? Die Bibel sagt es uns: »Der Tod ist der Sünde Sold« (Röm.6,23). Willentlich los von Gott, ist die Welt dem Tod verfallen. Und nun kommt das Ärgste. Es könnte dem Auge scheinen, als schwinge der Tod das Richtschwert. In Wahrheit aber bindet er nur die Opfer und bringt sie vor das Gericht. Denn »es ist dem Menschen gesetzt, einmal zu sterben, danach aber das Gericht« (Hebr.9,27).

Wer kann die Macht dieses Feindes schildern! Sein größtes Werk hat er getan, als er sich sogar an Gott wagte und den Sohn Gottes tötete auf Golgatha. »Und Jesus neigte sein Haupt und verschied.« Da hat der Tod den kühnsten Griff getan.

2. Das göttliche »Halt!«

Aber nun wurde der alles einebnenden Todeswalze ein mächtiges »Halt« geboten vom lebendigen Gott! »Du wirst meine Seele nicht im Tode lassen und nicht zugeben, daß dein Heiliger die Verwesung sehe.« So hat der Sohn Gottes schon im alten Bund durch den Mund Davids gesagt, ehe er des Todes Bitterkeit schmeckte. »Du wirst nicht zugeben . . . !« Nun tritt Gott auf den Plan. Nun tut er, was Abraham tat, als er in das Lager der Feinde einbrach. Nun wird dem Tod die erste Beute abgejagt. Laßt uns im Geist in den Garten des Joseph von Arimathia gehen.

Der erste Morgenschein des Ostermorgens ist am Himmel erschienen. Tiefe Stille liegt über dem Land. Man hört nur die Schritte der römischen Legionäre, die vor dem Grab des Herrn Jesus die Wache halten . . . Da . . . plötzlich bebt die Erde . . . Ein Lichtglanz, wie ein großer Blitz, blendet die Augen der Soldaten.

Das letzte, was sie sehen ist, wie der große Felsstein vor der Grabeshöhle davonrollt. Dann schwinden ihnen die Sinne. Aber nun geht die Sonne auf. Die Vögel schmettern ihre Loblieder. Der erwachende Tag umjauchzt den Heiland, der nun als die ewige und wahre Sonne über der Welt aufgeht.

Nun ist es wahr geworden. »Du wirst meine Seele nicht im Tode lassen und nicht zugeben, daß dein Heiliger verwese« (Ps.16,10). »Sein'n Raub der Tod mußt'n geben her, das Leben siegt und ward ihm Herr, zerstöret ist nun all sein' Macht, Christ hat das Leben wiederbracht, Hallelujah.« Mein vor kurzem gefallener Bruder schrieb in sein Tagebuch: »Gott hat dem Tod eine Grenze gesetzt.«

3. Das Tor zum Leben

Ich sagte zu Anfang: »Ich möchte wohl jener Bote gewesen sein, der zu Lot sprang und rief: 'Ihr seid frei! Eure Feinde sind besiegt!'« Nun darf ich heute morgen solch ein Bote sein. Ich darf euch allen, nach denen der Tod so sichtbar seine Krallen ausstreckt, verkündigen: »Der Tod ist besiegt! Das Leben ist erschienen, seit der Herr Jesus von den Toten auferstanden ist.« Der Begriff »Durchbruchsschlacht« ist uns allen doch etwas Geläufiges. Da stehen sich die Fronten in heißem Kampf gegenüber. Auf einmal gelingt es den Truppen, an einer Stelle die Front des Feindes zu durchbrechen. Wie strömen nun durch dieses Loch die siegreichen Truppen zu neuem Sieg. Seht, so ist am Ostermorgen eine Durchbruchsschlacht durch die Front des allmächtigen Todes geschehen. Und nun strömen die siegreichen Scharen hinter Jesus her in das ewige Leben. Der Tod kann sie nicht mehr halten. Die Märtyrer der Kirche, die singend und betend in der Arena des römischen Zirkus starben, die Blutzeugen, die auf den Scheiterhaufen einer gottlos gewordenen Weltkirche ihr Leben verloren, die Väter, die im Glauben an die Vergebung der Sünden durch Jesu Blut starben, jener Mitarbeiter des Weiglehauses, der mir in seinem letzten Brief, ehe er starb, schrieb: »Ich freue mich, daß ich früh meinen Heiland gesucht und gefunden habe . . . «, mein eigenes Kind, das mir vor seinem Sterben in Rußland schrieb: »Nun weiß ich es gewiß: Der Herr ist mein Hirte . . . « — sie alle sind hinter Jesus her durch die durchbrochene Todesfront zum Leben gedrungen. Sie alle haben im Glauben ihre Hand in Jesu durchgrabene Hand gelegt und gesagt: »Du wirst meine Seele nicht im Tode lassen.« Sie sind im Leben und jauchzen in vollendeten Chören dem Todesüberwinder.

Aber zum Schluß nun ein ernstes Wort: Nur in Jesus ist die Todesfront durchbrochen. Nur in Jesus! Es ist wahrhaftig kein »Spleen«, wenn ich Jungen, die vielleicht bald sterben müssen, wenn ich die Menschen in dieser Stadt, in der der Tod umgeht, zum Herrn Jesus rufe. Denn Jesus gehören,

das heißt: durch den Tod hindurchgebrochen zu sein.
Und nun wollen wir uns dieses Sieges über den Tod freuen
und mit Paul Gerhardt singen:

»Das ist mir anzuschauen
ein rechtes Freudenspiel.
Nun soll mir nicht mehr grauen
vor allem, was mir will
entnehmen meinen Mut
zusamt dem edlen Gut,
so mir durch Jesu Christ
aus Lieb erworben ist.«

Drei Worte des Herrn, die der Vernunft lächerlich, dem Glauben aber tröstlich sind

Sonntag Rogate 1944
Jesus sprach: »Mir ist gegeben alle Gewalt im Himmel und auf Erden. Darum gehet hin und lehret alle Völker ... Und siehe, ich bin bei euch alle Tage, bis an der Welt Ende.« (Matthäus 28,18)

Das war ein wunderliches Wetter, das wir in den letzten Wochen hatten. Oft war es so warm, daß man sich am liebsten ins Gras gelegt hätte. Und dann pfiff wieder so ein kalter Wind, daß man den Mantelkragen hochschlug. Der Winter war noch nicht ganz vergangen, und der Frühling war noch nicht da. Das ist ein Bild für ein Christenleben. Wenn man sich zum Herrn Jesus bekehrt, dann hat da im Herzen ein neues Geistesleben begonnen. Dies inwendige Licht ist wie ein lieblicher Frühling. Aber es ist erst der Anfang. Der Apostel sagt: »Es ist noch nicht erschienen, was wir sein werden« (1.Joh.3,2). Das alte Wesen der Vernunft und des Fleisches ist auch noch da. Das gibt nun oft einen rechten Kampf und Zwiespalt, der erst in der zukünftigen Welt zu Ende geht.
Ich will das deutlich machen an unserem Text.

1. »Mir ist gegeben alle Gewalt ... «

Ach, wie lächerlich scheint das der Vernunft. Wenn da doch stünde: »Mir wird alle Gewalt gegeben werden.« Aber nein, im griechischen Text heißt es ganz deutlich: »Mir wurde alle Gewalt gegeben.« »Das ist Unsinn«, sagt die Vernunft. Man möchte sagen: »Ich schlage die Zeitung auf. Da ist von allen Weltmächten die Rede, aber Du, Herr Jesus, wirst nicht mit einem Wort auch nur erwähnt. Ich sehe auf Deine Kirche, Herr Jesus, wie kümmerlich, armselig und gedrückt ist sie! Ich sehe auf die Welt. Ach, da geschehen ja lauter teuflische Dinge, die Du unmöglich gewollt hast. Wo in aller Welt soll da Deine Gewalt sein?« So spricht die Vernunft. Der Glaube aber hört das Wort seines Herrn und freut sich. »Dir ist gegeben alle Gewalt?« Oh, dann stehe ich ja richtig. Dann singe ich mit Graf von Zinzendorf: »Wie gut und sicher dienet sich's dem ewigen Monarchen, im Feuer ist er Zuversicht, für's Wasser baut er Archen.«

So unwahrscheinlich es klingt, daß ihm alle Gewalt gegeben ist, so haben es doch kluge Leute, die nicht Christen waren, je und dann geahnt. Als Napoleon als Gefangener auf St. Helena saß, hat er einst zum Grafen Monhalon gesagt: »Alexander, Cäsar, Karl der Große und ich haben große Reiche gegründet. Aber worauf? Auf die Gewalt. Jesus allein hat sein Reich auf die Liebe gegründet; und heute noch würden Millionen von Menschen für IHN sterben. Es ist weder ein Tag, noch eine Schlacht, welche der christlichen Religion in der Welt den Sieg verschafft haben. Nein, ein Krieg vieler Jahrhunderte, begonnen durch die Apostel und fortgeführt durch ihre Nachfolger und die Flut nachkommender christlicher Generationen. In diesem Krieg stehen alle Könige und Mächte auf der einen Seite, auf der anderen sehe ich keine Armee, sondern eine geheimnisvolle Kraft einiger Menschen, die hier und da in alle Teile der Welt ausgestreut sind und die kein anderes Bundeszeichen haben als das Kreuz. Ich sterbe vor der Zeit und mein Leib wird der Erde wiedergegeben und eine Speise der Würmer werden. Das ist das Schicksal des großen Napoleon! Welch mächtiger Abstand zwischen meinem tiefen Elend und dem ewigen Reich Christi, das da gepriesen und gepredigt wird und über die ganze Erde sich ausbreitet ... «

»Mir ist gegeben alle Gewalt.« Der Glaube freut sich und hat nur eine Sorge, daß diese Gewalt sich im eigenen Herzen und Leben recht offenbare. Wie der Herr sonst seine Gewalt offenbaren will, das ist seine Sorge.

2. »Machet zu Jüngern alle Völker!«

So heißt das Wort Jesu wörtlich. Das ist für die Vernunft nun wieder lächerlich. Wem sagte das denn der Herr Jesus zuerst? Elf armen Handwerkern. Ja, wenn er denen gesagt hätte: »Sucht einige Anhänger zu gewinnen!« — das könnte die Vernunft verstehen. Aber: »Macht die Völker zu Jüngern!« — ist das nicht rasant?

Oh, dieser Satz ist der Vernunft ganz unerträglich. Sie sagt: »Wie paßt denn das Christentum überhaupt für alle Völker? Und sollen denn wir nun wirklich dieselbe Religion haben wie die Papua in Neuguinea?«

Kurz, der Vernunft ist dieser Befehl Jesu lächerlich und ärgerlich. Aber der Glaube freut sich daran. Denn der erweckte Mensch empfindet ganz besonders die tiefe Not der Völker, ihre Hoffnungslosigkeit, ihre Sündenknechtschaft, ihr Ringen, Suchen und Kämpfen. Und nun hört er hier, was allen Völkern helfen kann: das Evangelium von Jesus, dem für uns Gekreuzigten und Auferstandenen.

Der Glaube sieht nicht auf das schwache Häuflein der Christen, sieht nicht auf die eigene Armut. Nein! Er steht kühn und großartig da und sagt: »Die Nationen sollen uns hören! Wir haben eine weltbewegende, heilbringende Botschaft!« Der Glaube singt frei und stolz: »Jesu, aller Völker Heil, unserem Volk ein Gnadenzeichen ... « Er singt: »Es kann nicht Friede werden, bis Jesu Liebe siegt, bis dieser Kreis der Erden zu seinen Füßen liegt, bis er im neuen Leben die ausgesöhnte Welt dem, der sie ihm gegeben, vors Angesicht gestellt.«

Das wohl meinte ein junger Offizier, der mir dieser Tage schrieb: »Dieser schlimme Bandenkrieg auf dem Balkan . . . Jetzt fiel wieder einer meiner Kameraden, der nicht mit Gott versöhnt war. Man möchte es den Menschen am liebsten den ganzen Tag zu*brüllen*: »Laßt euch versöhnen mit Gott!«

3. »Ich bin bei euch alle Tage . . . «

Das kann die Vernunft nun ganz unmöglich fassen — die Allgegenwart des Sohnes Gottes. Sie meint, sie hätte schon viel gefaßt, wenn sie sagt: »In dem Himmel ferne, wo die Englein sind, schaut doch Gott so gerne . . . «

Ja, ein ferner Gott irgendwo — das kann sie noch zur Not fassen. Aber die Allgegenwart unseres Heilands? Nein!

Ich will euch einen wunderlichen Beweis geben, wie schwer die Vernunft das faßt: Die katholische Kirche hat einen »Stellvertreter Christi« eingesetzt. Das hätte sie niemals getan, wenn sie mit der Gegenwart des Herrn bei uns gerechnet hätte. Denn wer da ist, braucht keinen Stellvertreter.

Aber laßt uns von uns selber reden! Ach, wir wären nicht so oft böse und launisch, mutlos und trostlos, verzagt und aufgeregt, wenn wir mit der Gegenwart des Heilands rechneten. — Die Vernunft will es nicht fassen, aber der Glaube faßt es und freut sich an dem Versprechen seines Herrn.

Komme ich da neulich ins Weiglehaus. Da sitzt ein einziger Junge von unserm Schülerkreis. Erst dachte ich: »Es lohnt sich ja nicht!« Aber dann setzten wir zwei uns über die

Bibel. Und es wurde eine köstliche Stunde. Denn Jesus selbst war bei uns.

Ein anderes Erlebnis: Am Abend des 26. März saß ich mit den Meinen während des Bombenangriffs in einem mehr als windigen Keller. Ich brauche euch nicht zu schildern, wie schauerlich diese Augenblicke waren. Da sagte ich: »Wir wollen singen!« Und dann sangen wir: »Ich steh in meines Herren Hand und will drin stehen bleiben ... !« Und als der Angriff vorbei war, sagte mein Jüngstes: »Es war aber doch schön!« »Es war schön!« sagte ein Kind. Wie ist das möglich? Dies ist der Grund: Jesus hatte sein Wort wahr gemacht: »Ich bin bei euch alle Tage!« (Matth.28,20)

Und wo er ist, ist es schön!

Die drei fehlenden Sätze in der Himmelfahrtsgeschichte

Sonntag Exaudi — Himmelfahrt 1944
»Und es geschah, da er sie segnete, schied er von ihnen und fuhr auf gen Himmel. Sie aber beteten ihn an und kehrten wieder gen Jerusalem mit großer Freude.«
(Lukas 24,51-52)

Auf einsamer Bergeshöhe steht der Herr mit seinen Jüngern. Eben hat er die Hände erhoben, um sie zu segnen. Da geschieht etwas Unerhörtes, Erschütterndes: Eine Wolke nimmt den Herrn vor den Augen der Jünger hinweg. Der Herr geht zurück in die Welt, aus der er gekommen war. Wer nun den nüchternen Bericht über dieses Ereignis aufmerksam liest, der muß sich wundern. Denn da steht etwas sehr Merkwürdiges, ja Ärgerliches: »Er schied von ihnen . . . und sie kehrten wieder um mit großer Freude.« Das sieht ja so aus, als seien sie froh gewesen, als er weg war.

Standen die Jünger so zu ihrem Herrn? Nein! Um dieses Rätsel zu verstehen, müssen wir nach dem Satz »Er schied von ihnen« ein paar Sätze einschieben, die im Bericht nicht gesagt sind.

1. Er schied von ihnen, um im Geist immer bei ihnen zu sein

Die Jünger hatten in den 40 Tagen nach der Auferstehung Jesu einen intensiven Unterricht gehabt. Dieser Unterricht war auf das *eine* abgestellt: »Liebe Jünger, ihr müßt meine Worte ganz ernst nehmen. Wie oft habe ich euch z.B. gesagt, daß ich sterben werde für die Welt und am dritten

Tage auferstehen werde. Aber als es eintrat, habt ihr es nicht begriffen. Nehmt meine Worte ernst!«

Und das wollten sie nun tun. Nun hatte er ihnen gerade eben gesagt: »Ich bin bei euch alle Tage bis an der Welt Ende.« Und jetzt wirkte der Unterricht. »Er hat gesagt: ›Ich bin bei euch‹. Also ist er bei uns, auch wenn er unseren Augen entnommen ist.«

Wenn einer die Jünger bei ihrem Heimweg getroffen hätte, hätte sich vielleicht folgendes Gespräch ergeben: »Wo ist euer Herr?« — »Der ist zu seinem Vater zurückgegangen.« — »Aber wenn er fortgegangen ist, wie könnt ihr dann so fröhlich sein?« — »Er ist ja gar nicht von uns gegangen. Er ist bei uns jetzt und alle Tage.«

Da hätte der Fremde wohl den Kopf geschüttelt und gedacht: »Die sind verrückt, ihre Sinne sind verwirrt.« Was versteht die Welt auch von der Gegenwart Jesu im Geist? Ja, die Jünger waren nun besser dran als früher. Wie oft war es früher geschehen, daß der Herr nicht bei ihnen war, wenn sie ihn am nötigsten gebraucht hätten. Z.B. als sie einmal bei Nacht auf dem See waren und der Wind ihnen zuwider war; oder als ein Vater mit seinem anfallskranken Knaben kam und sie sich nicht zu helfen wußten. Wie oft hatten sie ihn suchen müssen, wenn er sich zum Gebet heimlich von ihnen gestohlen hatte.

Das war nun vorbei seit der Himmelfahrt. Nun ist Jesus immer bei den Seinigen. Nun heißt es überall und immer bei Christen: »Ach mein Herr Jesu, Dein Nahesein bringt großen Frieden ins Herz hinein. Und Dein Gnadenanblick macht uns so selig, daß Leib und Seele darüber fröhlich und dankbar wird.«

Darum kann jeder Christ mit großer Freude — wie die Jünger — von der Himmelfahrt Christi aus seine Straße wandern.

2. Er schied von ihnen,
um den Thron des Siegers zu besteigen

Vor einiger Zeit war ich in einem Konstruktionsbüro. Da hatte man eine Bauzeichnung aufgespannt. Für mich war das nur ein verwirrendes Durcheinander von Linien und Zahlen. Für den Ingenieur aber ist solch ein Plan ganz verständlich und durchsichtig.

So wie es mir mit dieser Bauzeichnung geht, so geht es den meisten Menschen mit dem Evangelium. Es ist ihnen eine unverständliche und verworrene Sache: Sohn Gottes! Jungfrauengeburt! Kreuz! Versöhnung! Auferstehung! Das sind alles verworrene, dogmatische, mittelalterliche Begriffe. Die Jünger aber standen vor all dem wie der Ingenieur vor dem Plan. Es war ihnen alles klar geworden. Sie verstanden das Geheimnis des Kreuzes, so daß sie es später in geradezu klassischer Weise weitersagen konnten. So schrieb Petrus später (1.Petrus 1,18): »Wisset, daß ihr nicht mit vergänglichem Silber oder Gold erlöst seid von eurem eitlen Wandel nach väterlicher Weise, sondern mit dem teuren Blut Christi als eines unschuldigen und unbefleckten Lammes.« Oder Johannes schrieb später (Joh 3,16): »Also hat Gott die Welt geliebt, daß er seinen eingeborenen Sohn gab, auf daß alle, die an ihn glauben, nicht verloren werden, sondern das ewige Leben haben.«

Wer das Geheimnis der Erlösung und der Versöhnung durch das Blut des Sohnes Gottes erfaßt hat, der wird eine unendliche Liebe zu diesem guten Hirten und barmherzigen Heiland empfinden. Er wird den einen Wunsch haben, daß dieser Herr geehrt und erhoben werde.

So ging es den Jüngern. Am Tage der Himmelfahrt erlebten sie es, wie ihr Herr zur Rechten Gottes erhöht wurde. Sie hörten im Geist die Lobgesänge der himmlischen Heerscharen zu Ehren des Siegers. Ihnen fiel Psalm 47,6 ein: »Gott fährt auf mit Jauchzen und der Herr mit heller Posaune.«

Himmelfahrt ist die Thronbesteigung Jesu. Da sagte der Vater zu ihm: »Setze Dich zu meiner Rechten, bis ich lege Deine Feinde zum Schemel Deiner Füße.« Und seht, diese Erhebung ihres Heilands ergötzt die Jünger. Darum gehen sie und alle Liebhaber Jesu mit großer Freude vom Berg der Himmelfahrt.

3. Er schied von ihnen, um ihnen die Stätte zu bereiten

Diese Jünger waren als Jünger zum Berg der Himmelfahrt gegangen. Als Apostel, d.h. als Gesandte, kehrten sie zurück. Sie machten sich keine Illusionen. Sie wußten, daß die Welt sie ausstoßen, verfolgen, ja töten werde, wie es ja auch geschehen ist. Denn die Welt kann jeden Zotenreißer eher ertragen als einen rechten Zeugen Jesu.

Die Jünger wurden also heimatlos in der Welt. Und doch waren sie erfüllt mit großer Freude. Seltsam! Nun, sie dachten an ein Wort Jesu: »In meines Vaters Hause sind viele Wohnungen. Und ich gehe hin, euch die Stätte zu bereiten« (Joh. 14,2).

Wir wissen doch alle, was ein Quartiermacher ist. Der muß für die nachfolgende Truppe Unterkünfte besorgen. Der Heiland ist unser Quartiermacher in der zukünftigen Welt. »Ich gehe hin, euch die Stätte zu bereiten.«

Als Schuljunge lernte ich einen Vers, der mir damals gar nichts sagte. Aber seit die Welt mir viel Übles tat, seitdem mein Haus verbrannte, mein Sohn gefallen, meine Kirche zerschlagen ist, wird er mir so wichtig:

»Auf Christi Himmelfahrt allein
ich meine Nachfahrt gründe
und allen Zweifel, Angst und Pein
hiermit stets überwinde.
Denn weil das Haupt im Himmel ist
wird seine Glieder Jesus Christ
zur rechten Zeit nachholen.«

Oh, daß doch die vielen, die abgebrannt, ausgebombt und heimatlos geworden sind, sich recht zu diesem himmlischen Quartiermacher halten wollten.
Jesus ist vorangegangen. Nun ziehen wir als Erlöste dem Himmel entgegen. Wir wollen uns nicht aufhalten lassen.

Was dem Pfingstfest vorausging

Pfingsten 1944
»Sie wurden voll des Heiligen Geistes ... «
(Apostelgeschichte 2,4a)

Pfingsten ist ein solch liebliches Fest. Goethe beginnt seinen »Reineke Fuchs« mit den Worten: »Pfingsten, das liebliche Fest war gekommen, es grünten und blühten Feld und Wald ... «

Nicht nur über der Natur liegt dieser Glanz, sondern erst recht über der Pfingstgeschichte selber. Ein Freund von mir schrieb eine Auslegung der Pfingstgeschichte und gab ihr den Titel: »Frühlingstage in der Gemeinde.«

Und seht, nun wollte ich euch auch eine recht fröhliche Pfingstpredigt halten. Aber es ging mir bei der Vorbereitung seltsam. Je mehr ich nachdachte, desto trauriger wurde ich. Meine Gedanken blieben an dem Satz hängen: »Sie wurden alle voll des Heiligen Geistes.« Je länger ich dies Wort bedachte, desto trauriger wurde ich.

Das haben wir nicht! Das fehlt uns! Den Predigern und den Gemeinden. Ich sehe Prediger des Evangeliums, die schöne Predigten halten. Aber ihr Predigen bringt keine Frucht. Ich sehe Christen, deren Christenstand so kraftlos ist und andre, die sich in seelische Erregungen steigern. Aber voll des Heiligen Geistes sind sie alle nicht. Wer die heutige Christenheit beschreiben wollte, müßte sagen: »Sie waren alle leer des Heiligen Geistes.«

Darum erspart mir, eine frisch-fröhliche Festpredigt zu halten. Laßt uns vielmehr nachdenken über das, was zu jenem ersten Pfingstfest führte. Ehe Petrus jubelnd singen konnte: »Denn der Geist der Gnaden hat sich eingeladen

... «, mußte er drei andere Verse singen lernen. Und die wollen wir bedenken.

1. Aus tiefer Not schrei ich zu dir

Ich glaube nicht, daß Petrus voll Heiligen Geistes geworden wäre, wenn da nicht jene andere Stunde vorausgegangen wäre, in der es hieß: »Und Petrus ging hinaus und weinte bitterlich.«

Welch eine Stunde, wenn ein Mann über sich selbst weint, »wenn die Träne rinnt um der Sünde Last.« In jener Stunde sah sich der Petrus zum erstenmal richtig, so, wie der heilige Gott ihn sah. Da überkam ihn tiefe Scham, als er sah, wie widerlich sein Temperament, wie schrecklich seine Sünde war. Er verlor alles Wohlgefallen an sich selbst, rückte von sich selbst ab. Er gab sich selbst den Tod.

Der Heilige Geist ergießt sich nur in ein demütiges, bußfertiges Herz. Oh, daß es uns doch erginge wie jenem Bauern im Ravensberger Land. Der wurde schwer krank. Da ließ er den Pfarrer kommen. Das war der gewaltige Erweckungsprediger Volkening. Der sah den Bauern nur fest an und sagte: »Ich bin bange um Euch. So, wie bisher, geht's noch nicht in den Himmel, sondern geradewegs der Hölle zu.« Damit ließ er den Kranken allein. Der wurde unruhig und ließ in seiner Herzensunruhe nach ein paar Tagen den Volkening wieder rufen. Aber der sagte nur: »Notbuße — tote Buße. Mit dir muß es ganz anders kommen.« Und ging. Ja, und dann kam es mit dem Mann ganz anders: Sein Gewissen erwachte, seine Sünden standen auf und verklagten ihn, er sah sich ewig verloren. Da kam nach ein paar weiteren Tagen Volkening wieder. Und nun wies er ihn mit den lieblichsten Worten auf den Heiland. — So muß unser Herz sagen lernen: »Aus tiefer Not schrei ich zu dir ... « Das ist der erste Schritt auf die Geistesausgießung zu.

2. Mir ist Erbarmung widerfahren

Das war das zweite Lied, das das Herz des Petrus singen lernte, ehe er Pfingsten erlebte.

Seht, der Petrus wußte: Man kann nicht wirklich leben, ohne ein Glied des Reiches Gottes zu sein. Das Reich Gottes war ihm nahe gewesen, als er mit Jesus gewandert war. Aber nun hatte er alles verscherzt. Er hatte seinen Heiland verleugnet. Sein Herz schrie: »Ich bin es nicht wert!«

Es liegt eine unendliche Traurigkeit über jener Geschichte aus Johannes 21, wo er den anderen Jüngern sagt: »Ich will fischen gehen. Ich gehe in mein altes Leben zurück, weil ich des Reiches Gottes nicht wert bin.« Doch Jesus sucht ihn, findet ihn, weist ihn auf sein für ihn vergossenes Blut hin. Und da geht dem Petrus auf einmal die Sonne auf: »Mir ist Erbarmung widerfahren, Erbarmung, deren ich nicht wert ... «

Oh, ihr stolzen Herzen! Ohne diese Erfahrung gibt es kein Pfingsten. Daß doch unter uns wieder die Gnade erfahren würde!

Laßt mich ein Gleichnis gebrauchen. Im ersten Weltkrieg mußte ich als junger Soldat einen Meldegang machen. Es ging durch völlig ungedecktes Gelände. Und auf einmal rauschten ein paar schwere Granaten heran. Ich hörte sie rauschen, warf mich hin, sie kamen gerade auf mich zu, mein Herz tobte: »Es ist aus — fertig — Schluß!« Da schlugen sie hinter mir ein — und — es blieb alles still. Blindgänger! Wie war mir zu Mute! Eben noch dem Tode gegeben — und nun lebe ich. Ich habe geschrien und gesungen vor Freude.

So ist die Erfahrung der Gnade Gottes in Jesus. Das Gesetz Gottes verklagt uns, das Gewissen muß ihm recht geben, man sieht sich in Ewigkeit von Gott verstoßen. Doch dann steht auf einmal das Kreuz da. Man sieht auf, erkennt seine Versöhnung und singt: »Mir ist Erbarmung widerfahren.« Und das ist der zweite Schritt auf Pfingsten hin.

3. O Heiliger Geist, kehr bei uns ein ...

Das war der dritte Vers, den Petrus vor Pfingsten lernte. Er kannte die Bibel und er wußte: Dort ist der Heilige Geist verheißen.

Da stehen solche Worte: »Ich will Wasser gießen auf das Durstige und Ströme auf das Dürre.« Oh, wie sehnte sich nun das Herz des Petrus nach solch lebendigen Strömen aus der ewigen Welt.

Petrus kannte das Wort aus Hesekiel 36: »Ich will meinen Geist in euch geben und will solche Leute aus euch machen, die in meinen Geboten wandeln und meine Rechte halten und danach tun.« Oh, wie sehnte sich sein Herz nach solch einer gründlichen Neuschöpfung seines ganzen Wesens. Ja, der Herr Jesus hat zu seinen Jüngern gesagt: »Ihr werdet die Kraft des Heiligen Geistes empfangen.«

Und seht, da blieb er nicht bei dem Sehnen stehen. Er ist in die Stille gegangen und hat seine Knie gebeugt vor dem himmlischen Vater und hat ihn angerufen: »Mache nun deine Verheißungen an mir wahr!«

Hungert und dürstet nicht auch ihr? Dann laßt doch auch solch ein Warten und Beten daraus werden!

Als Petrus und die anderen Jünger diese drei Lieder gelernt hatten, da kam Pfingsten, da kam der Heilige Geist, da hieß es: »Sie wurden alle voll des Heiligen Geistes.«

Warum sollte es bei uns nicht so werden? Der Heilige Geist ist ja da. Er ist auch uns verheißen. Er steht vor der Tür.

Wir hören schon sein Brausen. Aber die Herzen sind nicht bereit.

Und darum müßt ihr es mir zugute halten, daß ich jetzt eine Pfingstpredigt hielt, die eigentlich keine ist. Aber sie kann vielleicht dazu führen, daß es bei uns Pfingsten wird. Und das wäre dann die Hauptsache.

Was Jesus vom schwachen Glauben sagt

Sonntag, den 22. Oktober 1944
»Der Herr aber sprach: › Wenn ihr Glauben habt wie ein
Senfkorn und sagt zu diesem Maulbeerbaum: Reiß dich
aus und versetze dich ins Meer, so wird er euch gehorsam
sein‹« (Lukas 17,6)

Eine der packendsten Geschichten der Bibel ist die vom
Durchgang durchs Rote Meer. Da lagert die Gemeinde des
Alten Bundes an einem Meeresarm. Rechts und links er-
heben sich schroffe Felsenwände. Da bricht die Nachricht
ins Lager: Pharao, der grimmige Feind, kommt mit gewal-
tiger Heeresmacht! Man ist ohne Waffen und wehrlos.
Jeder Fluchtweg ist abgeschnitten. Verzweiflung bricht im
Lager aus.
Da tritt Mose königlich in göttlicher Vollmacht unter die
Verzweifelten: »Der Herr wird für euch streiten und ihr
werdet stille sein!«
Und dann schreit Mose zum Herrn. Der sagt ihm, er solle
seinen Stab über das Meer recken. Da zerreißen die Wasser
und es entsteht ein Weg, auf dem das Volk im Glauben in
die Freiheit zieht.
So oft ich diese Geschichte lese, erschrecke ich: *so* ist mein
Glaube nicht. Ich verstehe so gut jenen christlichen Papua
in Neuguinea, der dem Missionar etwa so sagte: »Wenn ich
in der Kirche sitze, ist mein Glaube groß wie ein Berg. Aber
wenn ich bei meinen Stammesgenossen bin, ist er klein wie
ein Reiskorn.«
Mein Glaube ist oft noch kleiner: wie ein Senfkorn. Und
da bin ich froh, daß der Heiland hier einiges über den
schwachen Glauben sagt.

1. Der Herr Jesus achtet den schwachen Glauben nicht gering

Mir geht es auch wie jenem Papua — wenn ich hier vor euch predige, dann ist mein Glaube so groß wie ein Berg. Aber wenn die Bomben krachen, wenn ich die Furcht der Kinder sehe, wenn Nachrichten kommen, daß liebe Jungen gefallen oder vermißt sind, wenn ich an die Zukunft meiner Arbeit denke, dann ist mein Glaube oft klein wie ein Senfkorn. Dann geht es mir wie dem Petrus, als der dem Herrn übers Wasser entgegenlaufen wollte — ich sehe dann nur die wilden Wellen und nicht mehr den Herrn.

Und wenn einem der Teufel alle Sünden vorhält und höhnt: »Du willst ein Christ sein?«, dann wird der ganze Heilsstand wankend, und man zweifelt, ob einem denn wirklich die Erlösung gelte.

Da ist es so tröstlich, daß der Heiland hier den schwachen Glauben nicht schilt. Er spricht vielmehr sehr hoch von ihm. Warum? Auch der schwache Glaube ist Gottes eigenstes Werk durch den Heiligen Geist. Und Gottes Werk an einem Menschenherzen ist auch in seinen Anfängen etwas Großes. So macht der Herr hier dem schwachen Glauben Mut zum Weiterglauben.

Und so ist es uns ja schon im alten Bund verheißen (Jes. 42,3): »Das geknickte Rohr wird er nicht zerbrechen, und den glimmenden Docht wird er nicht auslöschen.«

Als die Gemeinde des Alten Bundes aus Ägypten zog, da wurde besonders darauf geachtet, daß niemand zurückblieb. Auch die Schwächsten kamen mit. So will unser Heiland auch die mit dem schwächsten Glauben mitbringen an das herrliche Ziel der Ewigkeit.

Doch möchte ich sagen, daß hier natürlich nicht von irgendeinem weltlichen oder religiösen Glauben die Rede ist, sondern vom Glauben an Jesus als dem Sohn Gottes und den Heiland der Sünder.

2. Der schwächste Glaube hat denselben starken Heiland wie der starke Glaube

In unserem Text sagt der Herr, daß der schwache Glaube große Dinge tun kann. Wie ist das möglich?

Darum, weil nicht unser Glaube, sondern der starke Herr die großen Dinge tut. Als Mose so glaubensstark am Roten Meer stand, hat ja nicht sein Glaube das Meer geteilt, sondern der Herr hat es getan.

Der Herr Jesus fuhr einmal mit seinen Jüngern über den See Genezareth. Während sie das Schiff bedienten, schlief er hinten im Heck. Auf einmal überfällt sie ein schauerlicher Sturm. Die Jünger packt das Grauen. Sie wecken ihren schlafenden Heiland — ach, nicht mit glaubensvoller Bitte, sondern mit dem Schreckensruf: »Wir verderben!« Nicht wahr, da war der Glaube der Apostel nicht sehr groß. Und doch — Jesus tat ein großes Zeichen und stillte den Sturm.

Da seht ihr, daß auch der schwache Glaube den starken Herrn hat.

Noch ein Beispiel: Die Stadt Jerusalem lag in Trümmern. Die Babylonier hatten die Bevölkerung weggeschleppt. Durch diese Trümmer irrt nun der große Gottesmann Jeremia. Sein Herz ist voll Jammer und Finsternis, daß man meint, sein Glaube sei ganz dahin. Er sagt da in Klagelieder 3: »Er hat mich in Finsternis gelegt wie die, so längst tot sind. Und wenn ich gleich schreie und rufe, so stopft er seine Ohren zu vor meinem Gebet . . . Meine Hoffnung auf den Herrn ist dahin . . . « Nicht wahr, so spricht ein armer, schwacher Glaube. Aber dann sieht Jeremia auf den Herrn. Ihr müßt das selbst mal lesen, wie ihm da aufgeht, daß auch der schwache Glaube den starken Herrn hat. Es ist, als wenn allmählich die Sonne aufgeht in dem dunklen Herzen: »Gedenke doch, wie ich so elend und verlassen bin ... Du wirst ja daran denken; denn meine Seele sagt mir's. Das nehme ich zu Herzen, darum hoffe ich noch. Die Güte des Herrn ist's, daß wir nicht gar aus sind. Seine Barmherzigkeit hat noch kein Ende ... « Und immer mehr wird nun aus dem Jammer ein Loblied — auch der schwache Glaube hat den starken Herrn.

Wenn ich meine zitternde Glaubenshand in Jesu durchgrabene Hand schiebe, habe ich dieselbe starke Hand erfaßt, die Moses so glaubensstark dort am Roten Meer ergriff.

3. Auch dem schwachen Glauben
ist das Unmögliche möglich

Zinzendorf sagt: »Der Glaube bricht durch Stahl und Stein und kann die Allmacht fassen, der Glaube wirket all's allein, wenn wir ihn wirken lassen. Wenn einer nichts als glauben kann, so kann er alles machen, der Erde Kräfte sieht er an als ganz geringe Sachen.« Das meint der Herr, wenn er hier sagt: »Wenn du Glauben hast wie ein Senfkorn, kannst du Bäume ausreißen.«

Wenn nun allerdings der ungeistliche Sinn über so ein Wort kommt, versteht er's natürlich falsch. So hörte ich von einer Frau, die dies Wort auch vernommen hatte. Und da sagte sie: »Das wollen wir gleich ausprobieren!«

Und sie befahl einem Baum vor ihrem Haus, sich während der Nacht ins Meer zu werfen. Als sie am nächsten Morgen aus dem Haus trat, war der Baum noch da. »Ich hab's ja gleich gewußt!« sagte sie darauf.

Was wollen wir dazu sagen?

a) Das war kein Glaube, wenn sie es »gleich gewußt hat«.

b) Es lag keine Notwendigkeit vor, den Baum auszureißen. Der Glaube macht keine Tollheiten, sondern er tut den Willen Gottes. Wir verstehen, daß Jesus hier im Bilde redet: Da stehen die Nöte des Lebens vor dir wie so ein riesiger Baum: jeder Ast eine Not, jedes Blättlein eine Sorge. Nun sprich du getrost zu diesem Baum: »Reiß dich aus und wirf dich ins Meer! Denn ich gehöre meinem Heiland, der sagt, daß ohne den Willen meines Vaters kein Haar von meinem Haupt fällt.«

Oder da stehen die versuchlichen Mächte der Welt vor uns wie so ein starker Baum. Jeder Ast ist eine Verlockung, jedes Blatt eine tödliche Lust. Und der Baum rauscht: »Komm her zu mir, Geselle, hier findest du deine Ruh.« Du sprich nur getrost zu diesem Baum: »Hinweg mit dir und ins Meer! Denn mich hat der Sohn Gottes mit seinem Blut erkauft.« Und du wirst erfahren, auch der schwächste Glaube vermag Großes, weil er den starken Erlöser ergreift.

Eine total neue Auffassung vom Tod

Totensonntag 1944
»Denn Christus ist mein Leben und Sterben ist mein Gewinn.« (Philipper 1,21)

Totensonntag im Jahr des Massensterbens 1944! Was soll man da sagen? Man möchte sein Haupt verhüllen und mit Jeremia klagen: »Oh, daß ich Wasser genug hätte in meinem Haupte und meine Augen Tränenquellen wären, daß ich Tag und Nacht beweinte die Erschlagenen in meinem Volke« (8,23).

Es ist ja wohl keiner hier, der nicht einen Toten zu beweinen hätte.

Nun soll ich euch einen Trost geben. Ach, wie kann ich das, der ich selber hungere nach Trost! Ich kann euch nur hinweisen auf unseren Heiland. Ja, er kann überschwenglich trösten. Er kann unser trauriges Herz so mit himmlischem Frieden erfüllen, daß, wenn auch die Augen voll Tränen sind, das Herz doch voll Jauchzen anbetet.

Aber vielleicht will er uns gar nicht trösten! Vielleicht will er, daß wir endlich begreifen: er geht mit uns ins Gericht. Vielleicht gleichen wir einer belagerten Stadt. Gott belagert uns und schießt uns alles zusammen. Da gibt's nur eines: daß man vor dem schrecklichen Gott die weiße Fahne zieht und sich ergibt.

Aber an diesem Totensonntag 1944 haben wir nicht nur von den Todesnachrichten zu sprechen, die uns betrübt haben. Nein! Wir selber sind alle in nie dagewesener Weise vom Tod bedroht. In meine Vorbereitung hinein heulten die Sirenen immer wieder »akute Luftgefahr«. Und nun sitzt das Grauen des Todes den Menschen im Genick.

Schon zweimal sind Menschen an den Bunkern zu Tode gequetscht worden. Welch ein Todesgrauen muß die Menschen erfüllen, daß sie so bestialisch werden!

Und da hinein tönt nun dies Wort der Schrift: »Mir ist Sterben Gewinn.«

Das ist ja unerhört, so unerhört, daß einem der Atem stockt.

1. So kann nur einer sprechen, der das Sterben kennt

Ja, gibt es denn das, daß einer das Sterben schon hinter sich hat und nun davon berichten kann? Nicht wahr, so war es doch beim Lazarus und beim Jüngling zu Nain. Die hatten das Sterben erlebt, und der Herr Jesus hatte sie wieder erweckt. Eigentlich unheimliche Leute!

Nun, so unheimliche Leute sind die wahren Christen. Paulus sagt zur Gemeinde in Kolossä (3,3): »Ihr seid Gestorbene!« Dabei liefen sie in Kolossä herum.

Wie sollen wir das verstehen? Ich kann es nur persönlich als Bekenntnis sagen: Ich wurde eines Tages unter das Kreuz von Golgatha geführt. Da wurde ein schreckliches Todesurteil vollzogen, nicht von Menschen, sondern von Gott. Und als ich dem Gekreuzigten ins dorngekrönte Antlitz sah, ging mir erschreckend auf: Dies Todesurteil Gottes gilt ja gar nicht diesem Unschuldigen! Es gilt mir! Nun wußte ich auf einmal, was Gott von meinem Leben hielt, in das ich so verliebt war. Da nahm ich im Gehorsam des Glaubens dieses Todesurteil für mich an. Das war Sterben. Von dem Augenblick an war es mir verwehrt, noch etwas Hohes von mir zu denken. Ich bin ja ein Gestorbener, ein von Gott Verurteilter.

Aber — seltsam — dieses Sterben wurde mir Gewinn! Denn von der Stunde an wurde Jesus Christus mein Leben. Nun rühme ich mich dieses Heilands. Er ist mein Leben, mein Ruhm, mein Glanz, meine Sonne. Er ist mir alles. Ich bin nichts.

2. So kann nur sprechen, wer das Sterben täglich übt

Der Apostel Paulus sagt einmal von sich das merkwürdige Wort, das nun alle wahren Christen sprechen: »Ich sterbe täglich« (1.Kor.15,31).
Wunderlich! Man kann doch nur einmal sterben! Nein! Christen sterben täglich. Wie wollen wir das verstehen? Ich kann es wieder nur persönlich sagen.
Ich habe doch einen Willen. Ich habe Pläne, Hoffnungen.
Ich bin auch kein Fisch — mein Fleisch und Blut hat wildes Begehren und kennt heißes Verlangen.
Aber nun tritt mir mein Herr in den Weg und sagt: »Meine Gedanken sind nicht deine Gedanken und deine Wege sind nicht meine Wege« (Jes.55,8). Und da stehe ich nun beständig vor der Wahl, ob mein Wille, mein Wünschen, mein Begehren gelten soll oder der Wille meines Herrn. Da gibt's keine Kompromisse. Da heißt es: »Entweder — Oder!«
So heiß das eigene Begehren, Wollen, Wünschen ist — wenn ich meinen Herrn nicht verlieren will, dann muß ich mich in den Tod geben und ihn machen lassen.
Oh, ich hatte mit meinem gefallenen Jungen — um ein Beispiel zu nennen — große Pläne. Der Herr hatte andere. Was war das für ein »in den Tod geben« bis man »Ja, Herr!« sagen konnte.
Es gibt Leute, die haben eine oberflächliche Auffassung vom Christentum. Ich verstehe aber so gut jenen schwäbischen Bauern, der so ein trauriges Gesicht machte. Da sagten ihm die Brüder: »Christen sind fröhliche Leute!« Er erwiderte: »Ich kann nicht lachen, wenn ich gerade sterben muß!«

Seht, bei dem gab es auch so ein Sterben des Eigenen, weil der Herr es befahl. Da denkt nun manch einer: »Dann will ich lieber kein Christ werden und meinen Willen behalten.« Wir aber sagen euch: »Jedes solches Sterben und in den Tod geben des heißen Herzens wurde uns Gewinn.« Denn nun hatte Jesus allein das Feld. Und das gibt Frieden und Freude und Seligkeit.

Unser eigener sündlicher Wille aber bereitet uns nur Qual und Elend. So wird den rechten Christen ihr tägliches Sterben täglicher Gewinn.

3. So kann nur einer sprechen,
dem der Tod der Eingang in das Leben ist

So ist also ein Christ im Sterben geübt. Doch nun muß er auch, wie jeder andere, an das letzte Sterben. Es behält auch für den Christen sein Grauen. Sogar Paulus hat einmal ehrlich bekannt, es wäre ihm lieber, daß er mit dem Auferstehungsleib überkleidet würde, als daß er erst durch das Entkleidetwerden durchmüßte. Aber für einen rechten Christen ist auch dieses Sterben des Leibes »Gewinn«. Laßt mich das durch ein Gleichnis klarmachen. Ein kruppscher Feuerwehrmann erzählte mir einst von einem schrecklichen Bombenangriff, den er in der Firma miterlebte: »Wir saßen in einem großen Raum, vor dem ein Lagerraum war. Auf einmal steht der Lagerraum in hellen Flammen. Es gab für uns keinen anderen Ausgang. Da mußte man die fünf Schritte durch das Feuer wagen. Da draußen, da war ja das Leben, Luft, Freiheit.«

So wagte er es als erster, sprang getrost ins Feuer und hindurch — ins Leben. So ist das Sterben für den Christen: der Tod ist nur ein Durchgang, ein fünf Schritte-Sprung in die Freiheit. Da steht er, an den ich geglaubt habe, um dessentwillen ich mich hier täglich in den Tod gab; der, der mich erlöst hat von der Welt, den ich nie gesehen habe und den ich doch von Herzen lieb habe: mein Heiland, mein Herr, mein Erlöser! »Wir werden daheim sein bei dem Herrn allezeit!« sagt Paulus. Und man spürt diesem Wort ab: »Sterben ist mein Gewinn, denn Christus ist mein Leben.« Der Herr Jesus gibt den Seinen durch die Vergebung der Sünden eine gewisse Hoffnung des ewigen Lebens. Darum ist ihnen das Sterben Gewinn.

Ein Mann Gottes lag im Sterben. Er schlummerte lange. Als er die Augen aufschlug, sagte seine Frau zu ihm: »Ich meinte, du dürftest schon heimgehen.« Da lächelte er und sagte: »Meinst du, es wäre schon so nahe? Das wäre aber schön.«

Weil für Jünger Jesu das Sterben ein Heimgehen und ein Gewinn ist, darum ist es nicht alberne Sentimentalität, sondern Ausdruck einer tiefen Gewißheit, wenn sie singen:

»Laß mich gehen, laß mich gehen,
daß ich Jesus möge sehen,
meine Seel' ist voll Verlangen,
Ihn auf ewig zu umfangen
und vor Seinem Thron zu stehn.«

Laßt euer unruhiges Gewissen ans Licht

Als ich noch ein Junge war, fuhren wir jedes Jahr in den Ferien zu den Großeltern, die in einem riesigen alten Schulhaus auf der schwäbischen Alb wohnten. Wie schön war dann der erste Ferienmorgen! Ich rekelte mich noch im Bett, dachte an all das Schöne, das ich in diesen Ferien wieder erleben würde — und dann betrachtete ich mit Inbrunst ein großes Bild, das mir gegenüber hing. Es stellte die Wiederkunft Jesu in Herrlichkeit dar. Vorn auf einem weißen Pferd der Herr, und hinter ihm das himmlische Heer. Da machte es mir Freude, die einzelnen Gestalten zu bestimmen. Der mit dem wehenden Bart und der ernsten Stirn mußte Mose sein und jener mit dem Schwert Paulus. Den David konnte man gleich erkennen an der Königskrone und der Harfe.

Durch den Mund dieses königlichen Sängers will der Herr heute morgen zu uns reden. Unser Text ist ein Psalmwort von ihm.

Der 24. Psalm nun ist etwas Besonderes. Da weissagt David, voll des Heiligen Geistes, von dem kommenden Heiland der Welt. So ist dieser Psalm ein rechtes Adventslied: »Machet die Tore weit ... «

1. Das ist der rechte Freudenschrei

Das merkt man erst recht, wenn man es wörtlich übersetzt. Da heißt es, fast unsinnig: »Erhebt eure Häupter, ihr Tore!«

Nach einem der letzten Fliegerangriffe waren wir ein paar

Tage ohne Licht. Ich brauche euch nicht zu erklären, was das bedeutet. Eines Tages, als keiner mehr daran dachte, daß es besser würde, schrie auf einmal eines meiner Kinder: »Das Licht ist da!« Das gab ein Schalten, Schreien, Freuen. Die Kleinste tanzte herum, und ich schrie immer nur »Licht«. Das ist nur ein kleines Abbild von dem, was hier los ist. David weiß wohl um die entsetzliche Finsternis der Welt und seines eigenen Herzens. Und nun sieht er im Geist das Kommen des Heilandes. »Erhebt eure Häupter ihr Menschen, macht die Tore weit auf!« Wir verstehen die Freude über das Kommen des Heilandes erst recht, wenn wir einen Blick werfen auf die Gesamtheit des 24. Psalms.

Der ist deshalb so seltsam, weil er immer einen Gedanken aufnimmt und plötzlich abbricht. Da spricht David zuerst von Gottes Herrlichkeit in der Natur. Er führt uns an das weite, brausende Meer. Das hat Gott gemacht!

Aber dann bricht er plötzlich ab. Warum? David weiß: »Alle Herrlichkeit Gottes hilft mir nicht, wenn ich nicht Gottes Kind bin.« Und so geht der Psalm weiter: »Wer wird auf des Herrn Berg gehen?«, d.h.: »Wer darf bei ihm sein?« Und wie vom Himmel herab tönt es: »Wer unschuldige Hände hat und reinen Herzens ist.«

Und da ist mir, als sehe ich David betroffen und erschrocken stehen: »Unschuldige Hände!« Er sieht seine Hände an. Wieviel Schuld klebt an ihnen? Und »reinen Herzens« — oh Gott, wer kann das von sich sagen! Dann bin ich ausgeschlossen von Gottes Herzen.

Die Sünde trennt ihn und mich auf ewig! Auf ewig? Da sieht David im Geist in die Zukunft. Er sieht den Sohn Davids aus der Herrlichkeit kommen, sieht ihn in der Krippe liegen, sieht ihn am Kreuz, sieht ihn, wie er die Sache unserer Schuld in die Hand nimmt und wie er der

Heiland der Sünder wird, der den Weg eröffnet zum Berg Gottes. — Da bricht sein Mund in Jubel aus: »Oh ihr Tore, tut euch weit auf diesem kommenden Erlöser und Erretter!« Und wer nur von ferne den verloren Zustand seines eigenen Herzens erkannt hat, jubelt mit: »Erhebt eure Häupter, ihr Tore!«

2. Das ist ein guter Rat

Ihr müßt bedenken, daß die Bibel ja nicht irgend ein literarisches Erzeugnis ist, sondern daß »die Männer Gottes geredet haben, getrieben vom Heiligen Geist«. So erteilt hier der Heilige Geist durch den Mund Davids der Welt einen Rat: »Tut eure Tore weit auf für den Sohn Gottes!« Bis heute hat die Welt diesen Rat nicht befolgt. Sie ist nicht gut dabei gefahren! Wir wollen darum diesen Rat ernst nehmen.

Von Toren ist die Rede. Da müßt ihr euch eine Stadt im Altertum vorstellen. Die war umgeben mit hohen Mauern. Ich war einmal mit einem Freund in Rothenburg/Tauber. Diese Stadt aus dem Mittelalter ist unversehrt erhalten. Da sieht man, wie die Stadt sich mit den Mauern abriegelte gegen die feindliche Welt, die außerhalb der Mauern war. So hat die Welt sich abgeriegelt, hat unsichtbare Mauern gezogen gegen den, der außerhalb steht, den sie für ihren Feind ansieht — gegen den lebendigen Gott. Nein, die Welt will Gott nicht. Sie sieht ihn als Feind an. Er sagt, wir seien Sünder. Das hält man für eine Beleidigung. Er gibt Gebote. Das will man nicht, man will seinen eigenen Willen. Er sagt, er sei der Helfer. Aber man will sich allein helfen. Und nun hat man so Schuld auf Schuld auf sich geladen, so daß man ihm erst recht nicht mehr traut. Er ist der Feind. Da schließt man die Tore zu.

Und da spricht nun der Heilige Geist so freundlich, barm-

herzig und gnädig in Jesus zu uns: »Gebt doch euren sinn-
losen Widerstand auf! Tut doch die Tore weit auf!« —
Ach, daß wir es hörten! »Er kommt mit Willen, ist voller
Lieb und Lust, all Angst und Not zu stillen, die ihm an euch
bewußt!« — Schluß mit allem offenen und heimlichen Widerstand! Auf die Tore! Er ist nicht unser Feind! »Er
kommt, daß wir leben und volles Genüge haben sollen
(Joh.10,10).

Ich sah in Rothenburg ein altes Gemälde. Da war der
Besuch eines Kaisers dargestellt. Oh, da standen alle Tore
weit offen und waren bekränzt. So soll es sein, weil Gott in
Jesus zu uns kommt. »Machet die Tore weit!«

3. Das ist eine Verheißung

Stellt euch noch einmal die ummauerte Stadt vor. Da
spielen die Tore ja eine eigenartige Rolle. Sie waren gewissermaßen die wunden Punkte der Umfassung. Darum
wurden sie durch Türme besonders befestigt. Und doch
führte hier immer irgendwie ein Weg hinaus zum Feind.
Hier war ein Weg, durch den der Feind hereinkam. Wenn
der Heilige Geist von Toren redet, dann ist er der Meinung,
daß der Mensch sich zwar gegen Gott abgegrenzt hat. Aber
es sind in der Menschheit »Tore«, letzte Möglichkeiten zu
Gott hin. Ich will euch so ein paar Tore nennen. Da ist das
tiefe Heimweh nach Gott. Der Mensch mag die Mauern
der Schuld und des Unglaubens gegen Gott noch so hoch
ziehen, es bleibt bei dem Wort Augustins: »Unser Herz ist
unruhig in uns, bis es ruht, Gott, in Dir.«
»Machet die Tore weit!«, d.h.: »Gib diesem Heimweh
nach, denn dein Heiland kommt dir in Liebe entgegen.«
Da ist die Sehnsucht nach dem Frieden, die Furcht vor dem
Tode. Da ist das verwundete Gewissen, das uns verklagt.

Seht, das sind alles Tore, die immer so eine letzte Verbindung zu Gott hin sind. Der Mensch weiß das und befestigt diese Gefahrenstellen, durch die Gott einbrechen könnte, besonders fest. Er vermauert sein Gewissen und hält es nieder. Er redet sich seine Sehnsucht nach Frieden aus. Er verlacht den Tod, um sich das Grauen wegzureden. Ach, laßt doch den Kampf! Macht die Tore weit! Laßt ruhig euer unruhiges Gewissen ans Licht! Gebt ruhig zu, daß euch vor dem Tode graut. Denn: »Siehe, dein Heiland kommt zu dir!« Dein Erlöser von Sünde, Schuld, Tod, Furcht. Er bringt dir Frieden und Freude.

»Machet die Tore weit!«

Das Urteil der Welt ist außer Kurs gesetzt

3. Advent 1944
»... *daß der König der Ehre einziehe.*« *(Psalm 24,7)*

Es geht im Leben eines Christen wunderlich zu. Bald ist sein Glaube so groß, daß er meint, er könne »mit seinem Gott über die Mauern springen« (Ps.18,30), und bald wieder ist er so verzagt, daß er sich verloren gibt. Und wenn der Herr nicht so treu wäre, käme keiner bis ans Ziel.

Das erfuhr einst Petrus. Da fuhren die Jünger über das galiläische Meer. Auf einmal sahen sie den Herrn Jesus über das Wasser zu ihnen kommen. Und dann geschah es, daß der Herr Petrus zu sich rief. Da war sein Glaube so groß, daß er es wagte, dem Herrn über die Wellen entgegenzugehen.

Denkt nur! Er spottete im Glauben aller Vernunft und aller Naturgesetze und traute seinem Heiland. Aber dann sah er eine riesengroße Welle daherkommen. Da erschrak er. Es fiel ihm ein, wie tief das Wasser unter ihm war. Und er fing an zu sinken und rief: »Herr, hilf mir! Und Jesus reckte alsbald die Hand aus und ergriff ihn« (Matth.14).

Wir müssen heute auch über ein wildes Meer gehen. Schauerlich toben die wilden Wellen. Und da machen wir es wie die Welt: wir berechnen, wie tief es ist, wie gefährlich; wir sorgen: »Was soll das werden?« — Und schon sinken wir.

Glauben aber heißt: auf den Herrn sehen. Es ist doch Advent. Der Heiland ist doch gekommen! Und: »Welche auf ihn sehen, die werden erquickt, und ihr Angesicht wird nicht zu Schanden« (Ps.34,6). Wir wollen auch heute morgen auf ihn sehen.

Der König der Ehre.

1. Soll Jesus wirklich der König der Ehre sein?

Da erklingt nun dieser Adventsruf: »Machet die Tore weit und die Türen in der Welt hoch, daß der König der Ehre einziehe.« Mit diesem Wort deutet der Heilige Geist auf den kommenden Herrn Jesus. Der wird also König der Ehre genannt. Da empört sich die Vernunft: Der soll König der Ehre sein? Hat nicht sogar Jesaja von ihm gesagt: »Er war der Allerverachtetste und Unwerteste. Er war so verachtet, daß man das Angesicht vor ihm verbarg«, und: »Wir haben ihn für nichts geachtet« (Jes.53,3). Hat er nicht als Ausgestoßener am Galgen gehangen? Ja, so war es doch!

Da hat man auf dem Palatin in Rom eine Kaserne ausgegraben. Und an der Wand der Wachstube fand man eine Spottkritzelei, mit der ein Legionär seinen christlichen Kameraden Alexamenos verspottete. Da kniet ein Soldat vor einem Kreuz. Und daneben steht: »Alexamenos betet seinen Gott an.« Der Gekreuzigte aber hat einen Eselskopf. Ja, geht nicht seit 2000 Jahren eine Flut von Spott über diesen Jesus? Hat man nicht sogar seinen Stammbaum beschimpft? Die edelsten seiner Vorfahren »Zuhälter« und »Viehjuden« genannt? Ist es aber nicht wirklich so, daß in seinem Stammbaum der in Schanden geborene Perez und eine Ehebrecherin vorkommen? Ja, hat man ihn nicht in einer Schrift, die von Tausenden gelesen wurde, einen »Feigling« und »Judenlümmel« geschimpft?

Ein seltsamer »König der Ehre«! Wie wenig er das ist, wird aber wohl am meisten daran klar, daß sogar wir Christen uns zu oft schämen, seinen Namen zu bekennen. Wie oft genieren wir uns, uns zu ihm zu bekennen, als ob es eine

Schande wäre, es mit ihm zu halten! Und der soll »König der Ehre« sein?

2. Und er ist doch der König der Ehre

Da müssen wir eine kleine Überlegung anstellen. Wir meinen, es sei einer geehrt, wenn die Welt ihm Ehre gibt. Die Bibel hat auch hier wieder eine gänzlich andre Betrachtungsweise. Da ist das Wort Jesu, das er seinen Gegnern sagt: »Wie könnt ihr glauben, die ihr Ehre voneinander nehmt, und die Ehre, die von Gott allein ist, sucht ihr nicht« (Joh.5,44). Das ist »Ehre«, wenn Gott mich anerkennt.

In einem Roman sagt ein alter Kötter zu einem jungen Bauernsohn: »Das ist Ehre, wenn ich mich vor mir selber nicht zu schämen brauche.« Wie wunderlich befangen und verengt ist doch der Blick des natürlichen Menschen! Die Bibel würde sagen: »Das ist Ehre, wenn ich mich vor Gott nicht zu schämen brauche.«

Aber es ist verständlich, daß der Mensch das nicht will. Denn wer muß sich vor Gott nicht verstecken wie unser Stammvater Adam?

Nur einer brauchte sich vor Gott nicht zu schämen. Nur einer ist es, den Gott rückhaltlos ehren konnte: Jesus! Und darum, weil der himmlische Vater ihn ehrt, darum ist Jesus »der König der Ehre«. Mag die Welt über ihn denken, was sie will. Gott hat ihm den Titel »König der Ehre« gegeben.

Und das ist entscheidend — Gott ehrt seinen Sohn. Bei der Taufe Jesu fiel die Stimme vom Himmel, die sagte: »Dies ist mein lieber Sohn, an dem ich Wohlgefallen habe.« Und in Johannes 8,54 sagt Jesus: »Es ist aber mein Vater, der mich ehrt.« Und ausdrücklich erklärt er: »Ich nehme nicht Ehre von Menschen« (Joh.5,41).

Und als er um unseretwillen die Schmach des Kreuzes auf

sich genommen hatte, hat ihn der Vater geehrt, indem er ihn von den Toten auferweckte. In Philipper 2 ist auch davon die Rede, daß Gott ihn ehrt: »Er ward gehorsam bis zum Tode am Kreuz. Darum hat ihn auch Gott erhöht und hat ihm einen Namen gegeben, der über alle Namen ist.« Und wer nun noch Zweifel hat, ob Jesus wirklich der König der Ehre ist, der lese Offenbarung 5. Da steht das erwürgte Lamm im Mittelpunkt der ewigen Welt. Die 24 Ältesten stimmen ihre Harfen, ihm zur Ehre. Und viele tausend Engel singen den brausenden Lobgesang: »Das Lamm, das erwürgt ist, ist würdig zu nehmen Ehre . . . «

Oh, wie ist das Urteil der Welt außer Kurs gesetzt! Wie ist das als belanglos beiseite gesetzt, was Krethi und Plethi über Jesus gedacht haben. Wie ist da mit göttlicher Ironie heiligen Schweigens übergangen, was Professor Sowieso und Frau Anderswie sich zurechtgelegt hatten.

Jesus! Er ist der König der Ehren. Gott hat es gesagt. Der Heilige Geist läßt es uns wissen. Und dabei bleibt's.

3. Nun gib du ihm die Ehre

Nun geht wieder der Adventsruf durch die Welt: »Machet die Tore weit und die Türen in der Welt hoch, daß der König der Ehre einziehe!«

Gib ihm die Ehre! Aber wie? Wir leben doch in einer armen Stadt. »Wir haben kein Wasser«, seufzt man allerwärts. »Wenn doch das Wasser einziehen wollte in die stillgelegten Röhren!« — »Wir haben kein Licht!«, ruft's von dort. »Wenn doch der Strom einziehen wollte in die stummen Drähte!«

Wie oft seufze ich selbst so. Aber ist es nicht eine viel wichtigere Sorge in dieser Adventszeit, daß das »Wasser des Lebens« und »das Licht der Welt« bei uns einziehen? Daß wir doch danach seufzten!

Ach, es kommt ja, es ist schon da. Nun laßt es euren Durst stillen, nun laßt es eure bekümmerte Seele erleuchten. So gibt man ihm die Ehre. Man kann den Sohn Gottes gar nicht besser ehren, als daß man an ihn glaubt und ihn seinen Heiland sein läßt.

Ich will das noch einmal von einer anderen Seite her aufzeigen.

Wir sagten vorhin: Wir müssen uns alle vor Gott schämen. Wir sind alle vor ihm ehrlos. Ein hartes Wort! Aber so sagt Gottes Wort: »Wir ermangeln des Ruhms, den wir vor Gott haben sollten« (Röm. 3,23).

Aber seht, der Adventskönig, der Sohn Gottes, ist dazu in die Welt gekommen, um uns unsere verlorene Ehre vor Gott wiederzugeben. Sein Blut macht mich rein von aller Sünde. Und wenn ich mich im Glauben in die Gerechtigkeit hülle, die er mir erworben hat, dann bin ich Gott angenehm und lieb. Dann erkennt Gott mich an, als sei ich der reine und heilige Herr Jesus selber.

Ehrt nur den Sünderheiland recht, indem ihr ihn *euren* Sünderheiland sein laßt. Dann habt ihr Anteil an seiner Ehre. Dann ehrt euch der Vater um seines Sohnes willen, wie er den Sohn selber ehrt. »Machet die Tore weit, daß der König der Ehre einziehe!«

> »Schönster Herr Jesu, Herrscher aller Enden,
> Gottes und Marien Sohn,
> Dich will ich lieben, Dich will ich ehren,
> Du meiner Seele Freud' und Kron.«

Ein köstliches Weihnachtsgeschenk im Jahr 1944

Weihnachten 1944
»Und siehe, des Herrn Engel trat zu ihnen, und die Klarheit des Herrn umleuchtete sie, und sie fürchteten sich sehr … Und der Engel sprach zu ihnen: ›Fürchtet euch nicht! Siehe, ich verkündige euch große Freude.‹«
(Lukas 2,9,10a)

Als ich nachdenklich die Weihnachtsgeschichte las, habe ich eine seltsame Entdeckung gemacht.

Der erste Teil dieser Geschichte, der in Bethlehem spielt, handelt vom Sohn Gottes. Nun sollte man doch erwarten, daß es da in lauter Glanz und Herrlichkeit zuginge. Aber nein! Wir sehen nur eine Krippe, riechen den Stallgeruch. Ja, es ist geradezu peinlich alles vermieden, was von der Herrlichkeit des Sohnes Gottes zeugen könnte.

Der zweite Teil der Geschichte, der auf dem Feld spielt, handelt von armen Hirten. Da sollte man doch annehmen, daß es da recht armselig zuginge, daß man da nichts anderes sähe als Armut und Rauheit. Man erwartet Stallgeruch. Und was finden wir? Himmelsglanz, Herrlichkeit und Engelsharmonien.

Eine seltsam verdrehte Welt!

Damit deutet der Heilige Geist etwas Wichtiges an. Unsere Armut ist nämlich auf den Sohn Gottes gefallen, seine Herrlichkeit aber ist zu uns gekommen. Nikolaus Hermann sagt das in einem Lied so: »Er wird ein Knecht und ich ein Herr, das mag ein Wechsel sein!« Und Paulus drückt dasselbe in 2.Korinther 8,9 so aus: »Er ward arm um euretwillen, auf daß ihr durch seine Armut reich würdet.«

Da ist also die Rede von der seligen Weihnachtsbescherung, die uns das Kind in der Krippe bereitet.

1. Er schenkt uns seine himmlische Herrlichkeit

Habt ihr schon mal Heimweh gehabt? Eine schlimme Sache. Als der Sohn Gottes auf Erden war, hat auch er Heimweh gekannt. Das kommt ergreifend zum Ausdruck in Johannes 17,5, wo er betet: »Und nun verkläre mich du, Vater, bei dir selbst mit der Klarheit, die ich bei dir hatte, ehe die Welt war.« Da hören wir, daß der Herr Jesus von Anfang an bei seinem Vater »Klarheit« hatte. Es steht da im Griechischen ein Wort, das man kaum übersetzen kann: Es bedeutet »himmlische Klarheit, Glanz und Herrlichkeit« (Griechisch: Doxa). Aber als er nun als schwaches Kind in der Krippe liegt, da hatte er keine »Doxa« mehr. Wo ist sie denn hingekommen? Ja, seht nur mal schnell hinaus auf das Hirtenfeld! Was sehen wir da? Die Klarheit, die Doxa des Herrn, umleuchtet die Hirten. Ja, er ist arm geworden, auf daß wir durch seine Armut reich würden. Das ist sein Weihnachtsgeschenk für die, die an ihn glauben, daß sie seine Klarheit und Herrlichkeit bekommen.

Wohl, der Glanz auf dem Hirtenfeld ist schnell erloschen. Aber seht nur die Hirten an, wie sie von Bethlehem zurückkehren: »Sie priesen und lobten Gott.« Da ist die »Doxa« in ihr Herz und Leben gekommen, wie sie zu allen kommt, die an Ihn glauben.

Vielleicht sagt nun ein Weltmensch spöttisch: »Ja, ich sehe aber nichts von eurer Herrlichkeit. Es geht bei euch ebenso armselig zu wie bei uns.« Antwort: Nein! Wir Christen singen mitten im Leide und Jammer der Tage: »Freude, Freude, über Freude, Christus wehret allem Leide.« Da ist die »Doxa«. Und im übrigen ist das, was wir jetzt haben, erst ein Angeld auf die zukünftige Herrlichkeit. Johannes sagt: »Es ist noch nicht erschienen, was wir sein werden. Wir wissen aber, wenn es erscheinen wird, daß wir ihm gleich sein werden« (1.Joh.3,2).

2. Er schenkt uns seine Geborgenheit

Wenn die Bibel die ewige Welt Gottes schildert, dann sagt sie immer wieder, daß da »kein Leid und kein Geschrei und keine Angst« ist. Und in dieser ewigen Welt, wo man im starken Gott völlig geborgen ist, hat der Sohn Gottes gelebt, ehe er Mensch wurde.

Aber nun liegt er als Kind in der Krippe. Und damit ist er in die Welt geraten, wo man Angst und Furcht haben muß. Schon trachtet man ihm nach dem Leben, und seine Eltern müssen mit ihm nach Ägypten fliehen. Und im Erwachsenenalter beginnt die Furcht erst recht. Wir sehen ihn in Gethsemane zittern. Und in Lukas 12,50 sagt er: »Ich muß mich taufen lassen mit der Leidenstaufe. Und wie ist mir so bange, bis sie vollendet werde.« Ja, wo ist denn seine Geborgenheit und Furchtlosigkeit hingekommen? Schaut nur schnell hinaus auf das Hirtenfeld! Da steht gerade der Engel des Herrn vor ihnen, den Hirten, und verkündet ihnen: »Füchtet euch nicht!« Und warum? »Euch ist heute der Heiland geboren!« Wiederum ist es so: »Er wird arm, daß wir durch seine Armut reich würden.«

Der Sohn Gottes geht in die Angst und Unbeschütztheit hinein, damit wir Kinder Gottes werden und dadurch seine Geborgenheit und Furchtlosigkeit erben. »Fürchtet euch nicht!« Das ist doch ein köstliches Weihnachtsgeschenk im Jahr 1944. Es ist ja so viel Furcht bei uns: Furcht vor dem, was kommt, Furcht vor Menschen, Furcht vor dem

Tod, Furcht vor Schrecken, und Gott gebe, daß wir die wichtigste Furcht kennen: die vor dem Zorne Gottes über alle unsere Sünde.

Und nun will uns das Kind in der Krippe zu Kindern Gottes machen und uns seine Geborgenheit beim himmlischen Vater schenken. Da ist man wirklich geborgen. Da braucht man keine Furcht mehr zu haben vor Schrecken, Tod und Teufel, ja auch nicht mehr vor dem Jüngsten Tag und Gericht Gottes. »Nun soll kein Angst noch Pein noch Zorn hinfort uns schaden, dieweil uns Gott aus Gnaden läßt seine Kinder sein.«

3. Er schenkt uns seine Freude

In einem alten Lied heißt es: »Im Himmel, im Himmel ist Freude so viel ... « In dieser Welt ewiger Freude hat der Sohn Gottes gelebt, ehe er als Mensch in Bethlehem geboren wurde. Und nun liegt er da im Stall. Von da geht sein Weg schnurstracks zum Kreuz. Da ist die Freude fort. Im Hebräerbrief heißt es in Kapitel 12,2: »Er, der wohl hätte mögen Freude haben, erduldete das Kreuz und achtete der Schande nicht ... «

Ja, wo ist denn seine himmlische Freude hingekommen? Geht noch einmal mit mir hinaus auf das Feld zu den Hirten. Da steht der leuchtende Gottesbote vor den Hirten und verkündet: »Siehe, ich verkündige euch *große* Freude.« Zu den armen Hirten, zu den freudlosen Sündern ist sie gekommen. Und zu allen anderen, die an ihn glauben als ihren Heiland und Erlöser. Wieder heißt es da: »Er ward arm um unsretwillen, auf daß wir durch seine Armut reich würden.«

Er geht den dunklen Weg über Krippe und Kreuz, damit die Freude zu uns kommt. Oh, wie ist die Freude zu den

Hirten und allen, die an den Sohn Gottes glauben, gekommen! Die Hirten, so sagten wir schon, »priesen und lobten Gott«.

Ich kam vor kurzem in ein Haus, in dem man viel Schweres erlebt hatte, der Sohn war gefallen, das Haus war ausgebrannt, viel Schweres war vorgekommen. Und da sangen sie gerade: »Jesu, wie soll ich dir danken? Ich bekenne, daß von dir meine Seligkeit herrühr ...«

Nicht wahr, das ist eine tiefe Freude, die alle Welt nicht geben kann. Da ist die himmlische Freude, die der Heiland auf die Welt gebracht hat, die er gewissermaßen an uns abgetreten hat. Von ihm heißt es: »Er lud auf sich unsre Schmerzen« (Jesaja 53,4). Du darfst im Glauben ruhig deine Schmerzen und Nöte dazulegen und dir von ihm seine himmlische Freude geben lassen. Es gibt viele, die sagen: »Das gibt in diesem Jahr ein armes Weihnachtsfest!« Für viele mag das stimmen. Wer aber im Stall zu Bethlehem eingekehrt ist und sich vom Heiland beschenken läßt, für den stimmt das nicht. Der singt auch in diesem Jahr aus Herzensgrund: »Des laßt uns alle fröhlich sein, und mit den Hirten gehn hinein, zu sehn, was Gott uns hat beschert, in seinem lieben Sohn verehrt.«

Der Befehl für das neue Jahr: Wegsehen von Sorgen und Nöten auf Jesus hin!

Neujahr 1945
Jahreslosung (Hebräer 12,2a):
»Lasset uns aufsehen auf Jesus, den Anfänger und
Vollender des Glaubens.«

»Nun ist das alte Jahr vergangen. Dunkel liegt das neue Jahr vor uns.« Nicht wahr, so muß doch jeder ordentliche Neujahrsaufsatz anfangen. Aber eine Predigt fängt so nicht an.

Das neue Jahr liegt dunkel vor uns? Ach, das ist ja gar nicht wahr. In Jesaja 9,1 steht: »Das Volk, das im Finstern wandelt, sieht ein großes Licht; und über denen, die da wohnen im finstern Lande, scheint es hell.« Und in Lukas 1,78 jubelt Zacharias: »Es hat uns besucht der Aufgang aus der Höhe, daß er erscheine denen, die da sitzen in Finsternis und Schatten des Todes.« Wir wissen, wer dieser »Aufgang aus der Höhe« und dies »große Licht« ist: Jesus, der Sohn Gottes, unser Herr und Heiland. Weil er da ist, sagt ein Christ nicht mehr: »Dunkel liegt das Jahr vor mir«, sondern vielmehr: »Hell steht Jesus vor mir.« Und darum ist dies eine gute Jahreslosung.

Laßt uns aufsehen auf Jesus!

1. Ist das nicht ein unmöglicher Befehl?

»Aufsehen auf Jesus?« Ja, man kann ihn doch gar nicht sehen! Wer mal Soldat war, der kennt das Kommando: »Die Augen links.« Wenn man die Augen nach links wendet, dann sieht man doch jemand. Da kommt etwa der Herr General, in Glanz und Pracht, in Rot und Gold. Im Text heißt es: »Die Augen empor!« Und wenn man das tut, dann sieht man — nichts.

Wenn ich ein ungläubiger Weltmensch wäre, würde ich sicher spotten über diese Jahreslosung und sagen: »Aufsehen auf Jesus? Zeigt ihn mir doch mal! Ihr seht ihn doch selber nicht.«

Und in der Tat sagt Gottes Wort: »Wir wandeln im Glauben und nicht im Schauen« (2.Kor.5,7).

Aufsehen auf Jesus — der doch unsichtbar ist! Ich kann verstehen, daß es Leute gibt, die sagen: »Ihr Christen unterliegt ja einfach einer Suggestion.«

Ich muß den Jungen erklären, was eine Suggestion ist: Als Student besuchte ich mal die Vorstellung eines Zauberkünstlers. Der behauptete, er könne ein Goldstück durch den Saal fliegen lassen. Er zeigte das Goldstück, warf und dann schrie er: »Sehen Sie, da — und da — jetzt macht es einen Bogen — kommt zu mir zurück — da ist es!« Und er zeigte es wieder vor. Da gab es Leute, die schworen Stein und Bein, sie hätten es fliegen sehen. In Wirklichkeit hatte er es gar nicht geworfen. Das ist Suggestion.

»Lasset uns aufsehen auf Jesus!« Ist das nicht auch eine Suggestion, daß man uns sehen heißt, wo nichts zu sehen ist?

Ach nein! Denn es ist ja der Heilige Geist, der uns befiehlt: »Lasset uns aufsehen auf Jesus.« Das ist der Geist der Wahrheit. Und wenn wir nicht sehen, liegt es wohl sicher an uns und unsern blinden Augen.

Da darf man dann den Heiligen Geist bitten: »Öffne mir die Augen, daß ich sehen kann.« Oh, das ist eine große Sache, wenn der Heilige Geist uns die inwendigen Augen öffnet. Dann sehen wir Jesus — namentlich, wie er für uns am Kreuze hängt und uns erlöst. Da geht es dann nach dem Vers: »Alle Tage wird dies Bild schöner unserm Blick enthüllt.« Und mit Paul Gerhardt sagt man: »Ich sehe dich mit Freuden an und kann nicht satt mich sehen.« Und man spricht mit dem Blindgeborenen: »Eins weiß ich: daß ich blind war und bin nun sehend geworden« (Joh. 9,25).

2. Das ist ein tröstlicher Befehl

Wir sagten zu Anfang: Jeder ordentliche Neujahrsaufsatz beginnt mit den Worten: »Dunkel liegt das neue Jahr vor uns.« Wir hatten diesen Satz als ungültig beiseite geschoben. Aber nun müssen wir ihn doch noch mal vorholen. Denn er enthält ja doch ein gutes Stück Wahrheit. Als ich Student war, sangen wir so gern das Lied: »Wir lugen hinaus in die sonnige Welt, allzeit mit lachenden Augen . . . « Nein! Das singen wir nicht mehr. Es ist so viel Grauenvolles über uns gekommen, daß uns die Sorge in schlaflosen Nächten oft erwürgen will.

Dunkel liegt der Weg vor uns. Oh, es hat nicht immer so geheißen. Wenn man etwa einen Neujahrsaufsatz zu der Zeit um die Jahrhundertwende in die Hand nimmt, da wird mit Pauken und Trompeten von Fortschritt geredet, von herrlichen Zeiten, die kommen und von einer gewaltigen Entwicklung des Menschengeschlechts. Die Fanfaren sind verstummt. Der rosarote Optimismus liegt begraben unter den Trümmern unserer Städte. Der Weg liegt dunkel vor uns. Als junger Rekrut habe ich mich mal auf einem einsamen Weg aus der vorderen Stellung verlaufen. Und es regnete. Ich war krank und fieberte. Ach, da war nichts mehr übrig von dem stolzen Kriegsfreiwilligen. Ich fühlte nur unsägliches Elend und Verlassenheit.

Und ich bin gewiß, daß auch der Stärkste unter uns solche Stunden kennt. Und da hinein ruft der Heilige Geist:

»Lasset uns aufsehen auf Jesus!« Das griechische Wort, das Luther mit »aufsehen« übersetzt, kann auch heißen: »mit Vertrauen sehen auf«. »Laßt uns mit Vertrauen auf Jesus sehen!«

Kennt ihr ihn? Er ist ja der »gute Hirte«. Das hat er bewiesen, als »er sein Leben ließ für die Schafe« (Joh. 8,12). Es ist wirklich das Höchste, wenn einer wie ein Kind glauben und singen kann: »Weil ich Jesu Schäflein bin, freu ich mich nur immerhin über meinen guten Hirten, der mich wohl weiß zu bewirten, der mich liebet, der mich kennt, und bei meinem Namen nennt.« Mitten in das Grauen des Krieges singt Gottes erkauftes Volk: »Ja, fürwahr, uns führt mit sanfter Hand ein Hirt durchs Pilgerland der dunklen Erde, uns, seine kleine Herde, Halleluja.«

Wir spürten das, als viele von uns im vergangenen Jahr hier im Keller den schrecklichen Angriff erlebten, als das Licht erlosch, der Keller bebte und wir aller Furcht ins Angesicht sangen: »Wenn sich die Sonn' verhüllt, der Löwe um mich brüllt, so weiß ich auch in finstrer Nacht, daß Jesus mich bewacht.«

3. Das ist ein einschneidender Befehl

»Laßt uns aufsehen auf Jesus!« Man kann das griechische Wort des Textes auch übersetzen: »Laßt uns wegsehen auf Jesus!« Ja, wenn man auf Jesus sehen will, muß man seine Augen von anderem losreißen.

Von Natur sind unsere Augen gefesselt an die sichtbaren Dinge dieser Welt. Die Welt nimmt unseren Blick gefangen. Die Bibel nennt das »irdisch gesinnt sein«. Weil nun unser Blick von Natur aus auf die irdischen Dinge geht, und weil wir nun mal hinten keine Augen haben, so heißt: »Lasset uns wegsehen auf Jesus!«, eine Wendung machen. Ja, laßt uns wegsehen auf Jesus — das heißt: Mach in deinem Leben eine ganze Wendung zu ihm hin. Es gibt manchen unter uns, der weiß es längst, daß er diese Wendung machen sollte. Aber er hat es immer und immer wieder aufgeschoben.

Nun mach doch mit dem neuen Jahr diese Wendung! Wie würde der Friede Gottes über dich kommen!

Aber auch denen, die diese Wendung gemacht haben, gilt es: »Laßt uns wegsehen von den Sorgen und Nöten — wegsehen von den Verdiensten und auch von den Versäumnissen und Schulden — auf Jesus.«

»Er ist uns von Gott gemacht zur Weisheit und zur Gerechtigkeit und zur Heiligung und zur Erlösung« (1.Kor.1,30).